AF543918

TOBIAS GEUß

BWL TO GO

Alle Ratschläge in diesem Buch wurden vom Autor und vom Verlag sorgfältig erwogen und geprüft. Eine Garantie kann dennoch nicht übernommen werden. Eine Haftung des Autors beziehungsweise des Verlags für jegliche Personen-, Sach- und Vermögensschäden ist daher ausgeschlossen.

Email: info@edition-lunerion.de
www.edition-lunerion.de

Psiana eCom UG
Berumer Str. 44
26844 Jemgum

Inhalt

Die Welt der Betriebswirtschaft näher und kompakt kennenlernen

In jedem Unternehmen stehen immer wieder wichtige Entscheidungen an, um weiterhin erfolgreich am Markt agieren zu können. Ganz gleich, ob diese Entscheidungen den Personalbereich, die Finanzplanung, das Controlling, die zukünftig strategische Ausrichtung des Unternehmens oder andere Bereiche betreffen. Wichtig ist:

Sie müssen zwingend getroffen werden!

Um diese Entscheidungen zielführend treffen zu können, ist es für alle Führungskräfte in einem Unternehmen stets erforderlich, über solide betriebswirtschaftliche Kenntnisse zu verfügen.

In diesem Buch werden die wichtigsten betriebswirtschaftlichen Aspekte einer erfolgreichen Unternehmensführung dargestellt. Die aufgeführten Kapitel in diesem Buch sind strukturiert und praxisnah aufgebaut. Die systematisch aufgebauten Themen helfen Ihnen beim Aufbau eines betriebswirtschaftlichen Basiswissens bzw. beim Auffrischen Ihres bereits erlernten Wissens.

Wir möchten Sie, liebe Leserinnen und Leser, verständlich in die Basics der Betriebswirtschaftslehre einführen, sodass auch Sie allmählich Ihr Verständnis über die Welt der Wirtschaft erweitern und schließlich auch effektiv anwenden können. Dabei wünschen wir Ihnen viel Erfolg!

Gelungene Unternehmensführung

Unternehmen setzen sich grundsätzlich aus mehreren Teilbereichen mit unterschiedlichen Arbeitsaufgaben und Zielen zusammen. Dabei ist es völlig unerheblich, ob sich das Unternehmen im Prozess einer Neugründung befindet oder sich bereits am Markt etabliert hat. Um allerdings erfolgreich zu agieren, müssen sämtliche Bereiche eines Unternehmens wie Zahnräder ineinandergreifen. Das gilt auch dann, wenn Ziele ggf. unterschiedlich bewertet werden. Erst wenn Ihnen dies gelingt, kann von einer gelungenen Unternehmensführung gesprochen werden. Die folgenden Kapitel sollen Ihnen Unterstützung geben, um das Ziel einer gelungenen Unternehmensführung zu erreichen.

Grundlagen der Unternehmensführung

Betriebswirtschaftlich betrachtet wird der Begriff Unternehmensführung in zwei separate Aspekte gegliedert:

1. Beim ersten Aspekt bezieht man sich auf die **Personen**, die einem Unternehmen in **leitender Funktion** vorstehen und dieses verantwortlich führen.
2. Beim zweiten Aspekt handelt es sich um den eigentlichen **Prozess**, der es ermöglicht, ein Unternehmen **effizient** zu führen.

In der Summe beider Aspekte findet sich die Grundlage einer erfolgreichen Unternehmensführung.

Um auf dieser Grundlage schlussendlich eine erfolgreiche Unternehmensführung aufzubauen, bedarf es aber zusätzlicher Führungskräfte, die nicht nur über eine hohe Entscheidungs- und Durchsetzungskraft verfügen, sondern auch bereit sind, selbst motiviert anzupacken, damit die festgelegte Unternehmensstrategie erfolgreich umgesetzt wird und die gesteckten Ziele ohne große Schwierigkeiten erreicht werden.

Aufgaben einer Unternehmensführung

Unternehmen sind nicht nur unterschiedlich groß, sondern besitzen auch **unterschiedliche Rechtsformen.** Das hat auch Auswirkungen auf die Führung eines Unternehmens. So liegt die Verantwortung einer erfolgreichen Unternehmensführung bei **Kleinunternehmen** normalerweise bei **einer Person,** bei **mittelständischen Unternehmen** eher bei **bis zu drei Personen. Sehr große Unternehmen**, z. B. Aktienunternehmen, werden dagegen von einer **Vielzahl von Personen geführt**, die gemeinsam als **Vorstand** auftreten. Hierbei werden einzelne Bereiche wiederum von einer einzelnen Person geleitet, die miteinander verbunden die Gesamtführung eines Großunternehmens übernehmen. Sprecher und Hauptverantwortlicher ist der Vorstandsvorsitzende des Unternehmens.

Doch gleich, wie umfangreich die Anzahl der Führungsverantwortlichen eines Unternehmens aufgestellt ist, haben alle Verantwortlichen u. a. folgende unternehmerisch sehr **bedeutende Aufgaben** zu erfüllen:

1. Sie sollten das Unternehmen leiten und die Mitarbeiter führen.
2. Sie sollten Mitarbeiter motivieren können.
3. Sie sollten Visionen umsetzen können, aber gleichzeitig darauf achten, dass hierzu passende Rahmenbedingungen erarbeitet werden.
4. Sie sollten stets die erfolgreiche Entwicklung eines Unternehmens vorantreiben.
5. Sie sollten Entscheidungsprozesse in einem kurzen Rahmen halten.
6. Sie sollten neue Prozesse planen, deren Wirtschaftlichkeit und Erfolgsaussichten analysieren, aber stets darauf achten, dass sich diese Prozesse nicht durch eine übermäßige Detailverliebtheit in die Länge ziehen.
7. Sie sollten für die Umsetzung dieser Prozesse eine Zeitschiene festlegen und deren Einhaltung strikt überwachen.
8. Sie sollten die Kontrolle sämtlicher Kosten, insbesondere bei neuen Prozessen, übernehmen.
9. Sie sollten bei auftretenden Problemen schnell reagieren können, dabei aber das eigene Ego außer Acht lassen und die Mitarbeiter in den Vordergrund stellen.

Um diese Aufgaben erfüllen zu können, steht den Führungsverantwortlichen eine Vielzahl von unternehmerischen „Werkzeugen“ zur Verfügung – „Werkzeuge“, die dazu beitragen, ein Unternehmen erfolgreich zu führen. Die wichtigsten Werkzeuge werden Ihnen in den folgenden Kapiteln vorgestellt.

FÜHRUNGSROLLEN/FÜHRUNGSSTILE EINER FÜHRUNGSKRAFT UND IHRE WIRKUNGEN

Dass Führungskräfte proaktiv zu einer erfolgreichen Unternehmensführung beitragen sollten, wurde bereits im vorherigen Kapitel beschrieben. Zusätzlich sollten Führungskräfte für eine erfolgreiche Unternehmensführung noch über zwei wichtige Eigenschaften verfügen.

1. Sie sollten in der Lage sein, **situationsabhängig unterschiedliche Führungsrollen** im Unternehmen bzw. in einem Prozess zu übernehmen.

2. Sie sollten durch ihre Persönlichkeit einen **Führungsstil** entwickeln, mit dem sie Ihre Mitarbeiter **erfolgreich** führen können.

In erfolgreichen Unternehmen wird mittlerweile gezielt darauf geachtet, dass bei Neubesetzungen von Führungspositionen Bewerber diese beiden Eigenschaften entweder schon vorweisen können oder ausreichend Potential besitzen, um Fehlendes in entsprechenden Seminaren erlernen zu können.

Beide Eigenschaften setzen bei Mitarbeitern unweigerlich Erwartungen zum Verhalten der Führungskraft frei und katalogisieren diese Person in ein vorgefertigtes Rollenbild. Das ist eine völlig normale Reaktion, da Menschen in sämtlichen Lebensbereichen ein Rollenbild verkörpern. Wenn Sie sich dieser Wirkung bewusst sind, können Sie als Führungskraft selbstbewusst und erfolgreich agieren.

Führungsrollen/-ebenen und persönliche Kompetenzen

Führungsrollen (auch als Führungsebenen bezeichnet) sind nicht angeboren, sondern entwickeln sich in der Regel im Laufe Ihres beruflichen Werdeganges. Klassisch startet dieser Werdegang mit der Funktion des Vorgesetzten einer Gruppe oder einer Abteilung.

Leider sind die Merkmale einer Führungsrolle / -ebene in keinem Handbuch detailliert beschrieben. Doch gleich, welcher Rolle / Ebene Sie gerecht werden sollen, sorgen Sie für Akzeptanz und Respekt bei Ihren Mitarbeitern.

Das ist keine einfache Aufgabe, da Sie vor der Ernennung zur Führungskraft noch Kollege, möglicherweise auch Freund waren. In Ihrer neuen Funktion sind Sie dagegen jetzt **Vorgesetzter** und damit **weisungsbefugt** und beurteilen jetzt möglicherweise Prozesse und Abläufe anders als vor Ihrer Beförderung.

Konflikte sind dabei möglich, vielleicht sogar vorhersehbar! Allerdings müssen diese nicht zwingend eintreten, wenn Sie entsprechend gegensteuern und einige entscheidende Rollen / Ebenen, die direkt mit einer erfolgreichen Führung in Verbindung stehen, übernehmen und umsetzen.

Führungsrollen

Schon in den 70er Jahren des letzten Jahrhunderts erkannten Wissenschaftler die besondere Bedeutung der Führungsrollen in der Wirtschaft. Der britische Managementberater Meredith Belbin (* 04.06.1926) beschäftigte sich besonders intensiv mit diesem Thema. Er erkannte, dass sowohl die Mitglieder eines Projektteams als auch die Führungskräfte dieser Projektteams unterschiedliche Verhaltensweisen an den Tag legten.

Aus den Erkenntnissen seiner Studien erstellte Belbin zwei Thesen:

1. Die Verhaltensweise einer Führungskraft hat einen direkten Einfluss auf die Leistung und Qualität des Projektteams.

2. Je mehr Verhaltensweisen bei Teammitgliedern vorhanden sind, desto erfolgreicher sind die Ergebnisse der Arbeit.

Daraus folgend entwickelte Belbin sein sogenanntes Teamrollen-Modell, das bis heute insbesondere bei der Besetzung von Führungspositionen Beachtung findet. Dieses Teamrollen-Modell beschreibt insgesamt **neun unterschiedliche Rollen**, wobei Belbin diese in **drei Gruppen zu jeweils drei Rollen** aufgeteilt hat.

Gruppe 1: Kommunikationsorientierte Rollenmodelle

1. **Wegbereiter:** Er entwickelt Ideen und sucht stetig nach Wegen, wie diese Ideen vom Mitarbeiterteam umgesetzt werden können.

- **Vorteil:** Führungskräfte in dieser Rolle überzeugen durch ihre Aufgeschlossenheit und ihre Begeisterung. Sie suchen stets nach Wegen, das Team richtungsorientiert zum Ziel zu führen.
- **Nachteil:** Fehlende erkennbare Erfolge können dazu führen, dass die ursprüngliche Begeisterung verfliegt und das Team nur noch sehr schwer sein Ziel erreicht.

2. **Koordinator:** Er delegiert gezielt Aufgaben an die Mitarbeiter und unterstützt so das Team, sich auf das angestrebte Ziel zu fokussieren.

- **Vorteil:** Führungskräfte in dieser Rolle überzeugen durch ihr Selbstbewusstsein und ihre sehr guten Kontakte zu anderen Menschen. Dadurch finden sie stets Auswege bei Problemen und können ein Team stets richtungsorientiert führen.
- **Nachteil:** Er kann durch das ausgeprägte Netzwerk manipuliert werden.

3. **Mitarbeiter:** Der Mitarbeiter scheut sich nicht vor aktiver Mitarbeit im Team und ist dabei diplomatisch und einfühlsam.

- **Vorteil:** Er erzeugt ein ausgeprägtes kollegiales Klima innerhalb des Teams.
- **Nachteil:** Er neigt bei Schwierigkeiten zur Unentschlossenheit.

Gruppe 2: Wissensorientierte Rollenmodelle

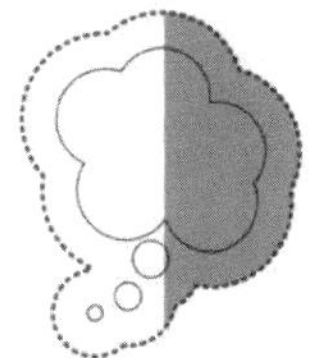

1. **Erneuerer:** Er überzeugt durch eine ausgeprägte Kreativität, mit der bei Problemen und Schwierigkeiten auf ungewöhnliche Weise reagiert wird.

- **Vorteil:** Durch die ausgeprägte Kreativität wird für alle Probleme eine passende Lösung gefunden.
- **Nachteil:** Kreative Menschen neigen manchmal dazu, wichtige Details unbeachtet zu lassen und so eine Problemlösung zu erschweren.

2. **Fachmann:** Er verfügt über ein hohes Fachwissen, das für spezielle Aufgaben / Tätigkeiten gezielt in die Teamarbeit eingebracht wird.

- **Vorteil:** Er überzeugt durch seine Zielstrebigkeit, sein Engagement und stellt sein Fachwissen dem Team für den Arbeitsablauf zur Verfügung.
- **Nachteil:** Er kann durch sein spezielles Fachwissen auch den Arbeitsablauf blockieren, da zu sehr auf Details geachtet wird.

3. **Beobachter:** Er überzeugt durch sein logisches Denken und einen genauen Blick auf Ideen der Teammitglieder.

- **Vorteil:** Er überzeugt durch seine Nüchternheit und seine strategische Denkweise. Vor seinen Entscheidungen wägt er sämtliche Besonderheiten genauestens ab.
- **Nachteil:** Nüchternheit kann auch zu einer kritischen Betrachtungsweise führen. Dadurch fällt es schwer, Mitarbeiter zu motivieren und Impulse für die Teamarbeit zu setzen.

Gruppe 3: Handlungsorientierte Rollenmodelle

1. **Umsetzer:** Er entwickelt praktikable Strategien und lässt diese gezielt ausführen.

- **<u>Vorteil:</u>** Er überzeugt durch seine Zuverlässigkeit, seine Gründlichkeit und seine umfassende Organisation für einen Arbeitsauftrag. Diese Rolle wird häufig von Mitarbeitern als penibel betrachtet.
- **<u>Nachteil:</u>** Gründlichkeit führt häufig dazu, dass die Umsetzung eines Arbeitsauftrags verlangsamt und auf Probleme unflexibel reagiert wird.

2. **Perfektionist:** Er sucht ständig nach möglichen Fehlerquellen und überwacht den gesamten Arbeitsauftrag mit einer ständigen und hohen Qualitätskontrolle.

- **<u>Vorteil:</u>** Seine gewissenhafte Suche nach Fehlern führt zu einer perfekten, fehlerlosen Abwicklung des Arbeitsauftrags.
- **<u>Nachteil:</u>** Er macht sich häufig zu viele Gedanken über einen perfekten Arbeitsablauf. Er wägt ständig zwischen positiv und negativ ab und trifft dadurch Entscheidungen manchmal zu spät.

3. **Macher:** Er sorgt ständig für Bewegung und Druck im Team und treibt dadurch unentwegt an.

- **<u>Vorteil:</u>** Er überzeugt durch seine Dynamik und sorgt dafür, dass Probleme umgehend geklärt und überwunden werden.
- **<u>Nachteil:</u>** Er kann durch seine Dynamik durchaus verletzend auf die Mitarbeiter wirken.

Kompetenzen

Losgelöst von der Eingruppierung in ein Rollenmodell, sollten Sie als Führungskraft über **ausgeprägte Kompetenzen** verfügen, die es Ihnen ermöglichen, Mitarbeitern den Sinn der geplanten Unternehmensziele nicht nur darzustellen, sondern sie durch Inspirationen derart anzuregen, den Weg dorthin gemeinsam erfolgreich zu beschreiten und abzuschließen.

> Beim richtigen Einsatz von Kompetenzen werden Mitarbeiter dies als Vertrauensbeweis betrachten und das Gefühl entwickeln, dass ihre Arbeit im Unternehmen wertgeschätzt wird.

Zu diesen wichtigsten Kompetenzen innerhalb der Mitarbeiterführung gehören vor allem:

1. Führen Sie durch aktives Handeln!

Engagieren Sie sich für die Ziele Ihrer Mitarbeiter und gehen Sie gleichzeitig mit gutem Beispiel voran. Setzen Sie sich nicht auf einen imaginären Thron, sondern beteiligen Sie sich aktiv an der Prozessgestaltung!

2. Akzeptieren Sie praktikable Vorschläge aus dem Team!

Analysieren Sie gemeinsam mit dem Team die Ergebnisse daraus und setzen Sie sich für die Umsetzung bei Ihren Vorgesetzten ein. Hadern Sie nicht, wenn Ihre Vorgesetzten nicht einverstanden sind, sondern verfeinern Sie gemeinsam mit Ihren Teammitgliedern diesen Vorschlag und nehmen Sie ggf. Korrekturen vor.

3. Lassen Sie berechtigte Kritik zu!

Kritik im Allgemeinen zuzulassen, fällt den meisten Menschen nicht leicht. Als Führungskraft ist allerdings Ihre Offenheit zu berechtigter Kritik eine wichtige Kompetenz, die entscheidend für den Erfolg eines Unternehmens ist. Kritik hat immer einen Auslöser! Meistens wird Kritik nach Fehlern ausgesprochen. „Hätten wir (Sie) doch ..." ist zum Beispiel ein immer wiederkehrender Einstieg in die Kritik. Betrachten Sie Kritik aber grundsätzlich als positives, potentialschaffendes Feedback und sehen Sie darin die Chance einer Verbesserung. Fehler passieren nun einmal, aber der Umgang damit ist entscheidend für den Erfolg.

4. Fördern Sie die Zusammenarbeit im Team!
Eine erfolgreiche Zusammenarbeit im Team ist essenziell und kann sehr leicht durch verschiedene Maßnahmen erreicht werden, wie zum Beispiel:

1. Alle Mitglieder des Teams sollten stets den gleichen Wissensstand besitzen!

2. Alle Mitarbeiter erfahren eine persönliche Wertschätzung und Gleichbehandlung. Diese soll sowohl vom Vorgesetzten als auch von den anderen Mitgliedern ausgehen.

3. Alle Mitarbeiter verfügen über abgestimmte Spielräume zur individuellen Gestaltung ihrer Arbeitsaufgaben. Diese Individualität offenbart die unterschiedlichsten Fähigkeiten eines jeden Teammitgliedes und sorgt für eine optimalere Zusammenarbeit.

5. Schaffen Sie ein positives Arbeitsumfeld!
Ein positives Arbeitsumfeld ist recht einfach zu erreichen. Zwei Aspekte spielen dabei eine entscheidende Rolle:

1. Sprechen Sie Ihre Mitarbeiter grundsätzlich offen und ehrlich an. Ihr Feedback gegenüber der Arbeitsleistung Ihrer Mitarbeiter sollte ehrlich sein, auch wenn einmal Kritik ausgesprochen werden sollte.

2. Der vermutlich wichtigere Aspekt ist das Wohlbefinden Ihrer Mitarbeiter am Arbeitsplatz. Kein Mensch mag es, in einem dunklen Keller mit veralteten Möbeln und Techniken zu arbeiten. Erfolg dürfte so kaum erreichbar sein. Sorgen Sie eher für einen lichtdurchfluteten Arbeitsplatz mit ergonomischem Mobiliar und moderner Technik.

6. Leisten Sie bei Problemen Unterstützung!
Zeigen Sie Verständnis für persönliche Probleme Ihrer Mitarbeiter und suchen Sie ggf. nach Lösungen. Gehen Sie dabei positiv mit den Problemen um und vermeiden Sie persönliche Schuldzuweisungen. Ein funktionierendes Team arbeitet immer gemeinsam, löst Probleme gemeinsam und ist gemeinsam erfolgreich.

7. Treffen Sie Entscheidungen!
Von Ihnen als erfolgreiche Führungskraft wird vorausgesetzt, dass Sie bei wirklich ernsten Problemen durchgreifende, klare und nachvollziehbare Entscheidungen treffen. Entgegen der allgemeinen Annahme, dass Mitarbeiter Sie in solchen Fällen als Patriarchen betrachten, erwarten sie sogar kluge und zielorientierte Entscheidungen von Ihnen als Vorgesetzter.

8. Legen Sie Ziele bzw. unternehmerische Vorgaben klar und deutlich fest!
Häufig klagen Mitarbeiter darüber, dass sie nicht ausreichend über die Ziele des Unternehmens informiert sind. Das führt zwangsläufig dazu, dass Mitarbeiter demotiviert sind und den allgemein bekannten „Dienst nach Vorschrift" verrichten. Erfolg ist dadurch aber nicht erreichbar!
Als erfolgreiche Führungskraft sollten Sie gerade diesem Aspekt besondere Aufmerksamkeit schenken.

Bedenken Sie also Folgendes:

- Formulieren Sie Ziele möglichst detailliert!
- Stimmen Sie Termine gemeinsam mit Ihren Mitarbeitern ab!

Führen Sie deshalb regelmäßige Gespräche mit Ihren Mitarbeitern und aktualisieren Sie notfalls bestehende Ziele oder Vorgaben.

9. Messen Sie Fortschritte im Arbeitsprozess und bewerten Sie diese.
Arbeitsprozesse sollten ständig überwacht werden, um ein plötzliches Scheitern zu verhindern. Binden Sie dabei Ihr Team ein und legen Sie gemeinsam Fixpunkte fest, an denen der Fortschritt des Auftrages überprüft und bewertet wird. Diese Fixpunkte sollten allen Mitarbeitern bewusst sein. Nur so können Sie auf das Erreichen des Zieles hinarbeiten.

Die Aufstellung ist lediglich ein kleiner Auszug aus einer Vielzahl unterschiedlicher Rollen bzw. Ebenen, die Sie beherrschen sollten, um erfolgreich führen zu können.

Wichtig:
Nicht jede Rolle muss durch eine Führungskraft im Ansatz perfekt beherrscht werden. Bei objektiver Betrachtung sollten Sie allerdings jede Ihrer Stärken und Schwächen selbst erkennen. Das wäre die ideale Ausgangssituation, um selbst an sich als Führungskraft zu arbeiten. Dabei können unzählige Seminare und Schulungen im Bereich der Ausbildung und Förderung von Führungskräften unterstützende Hilfe leisten. Nutzen Sie diese Angebote! Als Führungsverantwortlicher wird es Ihnen nicht schaden!

Führungsstile und ihre Wirkungen

Etwas schwieriger gestaltet es sich allerdings mit Ihrem **Führungsstil**. Führung ist im Gegensatz zur bisherigen allgemeinen Meinung nicht angeboren, zeigt sich aber häufig als eingeprägtes Verhaltensmuster. Grundsätzlich können Führungsstile in Seminaren erlernt werden. Allerdings lassen sich eingeprägte und gefestigte Verhaltensmuster im Laufe Ihrer beruflichen Tätigkeit nur schwer verändern. Psychologen betrachten ein eingeprägtes Verhaltensmuster als nicht komplett veränderbar, da es sich um einen Teil Ihrer Persönlichkeit handelt.

Führungsstile werden heutzutage in **unterschiedlichen Kategorien definiert**. Bereits im Jahr 1922 definierte der deutsche Soziologe **Max Weber** (* 21.04.1864, † 14.06.1920) vier Führungsstile, die er als „reine Führungsstile" bezeichnete. Weber bezog sich dabei auf die seit Jahrhunderten geltenden Formen der Herrschaftsstrukturen in der Welt, die er als Grundlage für diese Führungsstile betrachtete.

Zu den vier „reinen Führungsstilen" zählen der

1. autokratische Führungsstil,
2. patriarchale Führungsstil,
3. charismatische Führungsstil,
4. bürokratische Führungsstil.

Autokratischer Führungsstil

Der Begriff „autokratisch" bildet sich aus den altgriechischen Worten „autòs" (= selbst) und „kratèin" (= herrschen) und lässt sich ins Deutsche in etwa mit dem Begriff „Alleinherrschaft" übersetzen.

Dieser Führungsstil beinhaltet die **uneingeschränkte „Herrschaft" einer Führungskraft** innerhalb eines Unternehmens, einer Abteilung bzw. eines Prozesses. Eine autokratische Führungskraft trifft sämtliche Entscheidungen **allein**, ohne Einbindung der Mitarbeiter. Sie erwartet aber von seinen Mitarbeitern, dass sämtliche Entscheidungen, Anordnungen bzw. Weisungen ohne Widerspruch eingehalten werden.

Die **Einhaltung** dieser Maßnahmen überprüft eine autokratische Führungskraft intensiv und lässt dadurch den Mitarbeitern **keinen Spielraum bzw. keine Entfaltungsmöglichkeit** in ihrer täglichen Arbeit.

ZIEL(E) des autokratischen Führungsstils

In unserer heutigen modernen Wirtschaftswelt wirkt diese Form der Mitarbeiterführung zwar sehr veraltet, doch kann dieser Führungsstil in einigen Unternehmen durchaus von Vorteil sein. Einerseits können durch die Beschleunigung der Umsetzung von Entscheidungen, Anordnungen bzw. Weisungen sofortige Ergebnisse mit einer hohen **Effektivität** erzielt werden, andererseits wirkt sich die strikte **Disziplin** der Mitarbeiter positiv auf die Produktivität aus. Größtenteils findet sich der autokratische Führungsstil in Unternehmen mit einer totalitären Staatsführung.

VORTEIL(E)	NACHTEIL(E)
• Die Mitarbeiter wissen sehr genau, welche Regeln im Unternehmen oder einem Prozess Gültigkeit haben! • Die Umsetzung von Regeln in den täglichen Arbeitsablauf erfolgt schneller, da kein Widerspruch erneut entschieden werden muss! • Mitarbeiter empfinden diesen Führungsstil häufig auch als entlastend, da sie selbst keine Entscheidungen treffen müssen und ihnen folglich jegliche Verantwortung abgenommen wird.	• Bei Ausfall der autokratischen Führungskraft, z. B. längere Krankheit, entsteht ein Machtvakuum und notwendige Entscheidungen werden nicht getroffen. • Für Mitarbeiter mit einer kreativen Arbeitsauffassung ist dieser Führungsstil ein absoluter Alptraum. • Aufgrund der nicht vorhandenen Entfaltungs- und Mitsprachemöglichkeiten ist die Motivation der Mitarbeiter „im Keller“. Dadurch leiden die Kreativität und die Ideen, um das Unternehmen nach vorne zu bringen. • Verstöße der Mitarbeiter gegen die Entscheidungen, Anordnungen bzw. Weisungen werden mit Sanktionen „bestraft“. • Die Erfahrungen von Mitarbeitern, die durch eine lange Berufslaufbahn erworben wurde, oder das „frische Wissen“, dass neue Mitarbeiter durch ihre schulische Ausbildung mit in das Unternehmen bringen, können nicht in den Arbeitsalltag einfließen. • Fehlentscheidungen durch einen autokratischen Führungsstil sind nicht korrigierbar und können zu erheblichen finanziellen Einbußen beitragen.

Patriarchaler Führungsstil

Auch die Bezeichnung „Patriarch" stammt aus dem altgriechischen Wortschatz und leitet sich aus den Wörtern „patér" (= Vater) und „arches" (= Oberhaupt) ab und lässt sich ins Deutsche in etwa mit dem Begriff „Herrschaft des Vaters" übersetzen.

Eigentlich sind der autokratische und der patriarchale Führungsstil direkt miteinander vergleichbar. Im Gegensatz zum Autokraten betrachtet sich der Patriarch aber nicht als Despot des Unternehmens, sondern als Vaterfigur, also die etwas „freundlichere Art" der Unternehmensführung. Allerdings trifft auch der Patriarch seine Entscheidungen uneingeschränkt allein. Ein wichtiges Kriterium seiner Entscheidungen liegt dabei allerdings in der Verantwortung, schon fast Fürsorge, für die Mitarbeiter. Den patriarchischen Führungsstil findet man größtenteils in Unternehmen, die in den 70er bzw. 80er Jahren des letzten Jahrhunderts gegründet wurden und vom Unternehmensgründer noch selbst oder von seinen Kindern geführt werden. Diese Gründer vertreten die Ansicht, sich persönlich im Laufe der Zeit einen Wissens- und Erfahrungsvorsprung gegenüber den Mitarbeitern erarbeitet zu haben, und schlussfolgern daraus eine persönliche Verantwortung für das Wohlbefinden der Mitarbeiter. Ansonsten gilt der patriarchische Führungsstil heute als veraltet.

ZIEL(E) des patriarchalischen Führungsstils:
Durch die familiäre Führung des Unternehmens soll es den Mitarbeitern wohlergehen und sie soll deren Motivation steigern, um positive Ergebnisse mit einer hohen Effektivität zu erzielen.

VORTEIL(E)	NACHTEIL(E)
• Für unternehmerische Entscheidungen bedarf es keiner langwierigen Gespräche. • Für die Mitarbeiter existieren klare Vorgaben und Richtlinien, an die man sich zu halten hat. • Die emotionale Bindung der Mitarbeiter gegenüber dem Unternehmen ist sehr hoch. • Der Patriarch schlüpft in eine unternehmerische „Vaterrolle". Dadurch wird sich intensiver um die Mitarbeiter gekümmert als bei einer Führungsperson mit autokratischem Führungsstil.	• Kein Spielraum für kreatives Denken. Der Boss hat das Sagen! • Fehlentscheidungen durch den Patriarchen sind nicht korrigierbar und anfällig für Fehler. • Der bedingungslose Gehorsam kann, trotz emotionaler Bindung, die Arbeitsmoral senken.

Charismatischer Führungsstil

Auch der Begriff „Charisma“ hat seinen Ursprung im Altgriechischen. Dabei wird aus dem Wortteil „char“, was sich in etwa mit der Bezeichnung „Gunst erweisen“ übersetzen lässt, das Verb „charitsesthai“ gebildet. Dessen Übersetzung reicht von „schenken“, „stiften“, „spenden“ bis zu dem Wort „ausstrahlen“.

Unter **charismatischen Führungskräften** versteht man Personen mit einer **besonderen Ausstrahlung**. Im Bereich der Mitarbeiterführung kann diese Ausstrahlung dazu führen, dass Mitarbeiter Dinge für die Führungskraft tun, die weit über das Normalmaß hinausgehen. Als eindrucksvolles Beispiel einer charismatischen Unternehmensführung kann man den langjährigen CEO des Unternehmens Apple Inc., **Steve Jobs** (* 24.02.1955, † 05.10.2011), heranziehen. Er faszinierte durch sein Charisma tausende von Mitarbeitern, die begeistert an der Zukunft des Unternehmens mitarbeiteten und einen hohen Anteil am Erfolg des Unternehmens hatten. Dieses Charisma schwebt noch heute, auch nach dem Tode von Steve Jobs, durch das Unternehmen.

ZIEL(E) des charismatischen Führungsstils:
Vorgaben werden zwar durch die Führungskraft definiert, dann aber an die Mitarbeiter delegiert. So wird den Mitarbeitern nicht nur Vertrauen, sondern auch eine Wertschätzung entgegengebracht. Alle Mitarbeiter fühlen sich dadurch positiv angesprochen und zeigen dies durch eine effektive Leistung.

VORTEIL(E)	NACHTEIL(E)
• Die Motivation und Identifikation der Mitarbeiter ist ihrem Unternehmen gegenüber sehr hoch. • Bei Problemen kann durch das Charisma der Führungskraft Zuversicht vermittelt werden. • Bei einer charismatischen Führungskraft können, trotz alleiniger Entscheidungsgewalt, die Mitarbeiter einen Anteil an Selbstbestimmung in den Prozess einbringen.	• Charisma muss man haben! Charisma ist nicht erlernbar! • Die Leistung der Mitarbeiter ist stark abhängig von der charismatischen Führungskraft. Fällt diese über einen längeren Zeitraum (z. B. Krankheit) aus, kann sich dies negativ auswirken.

Bürokratischer Führungsstil

Wie der Begriff es bereits erahnen lässt, handelt es sich bei dem bürokratischen Führungsstil eher um eine Methode, die vorrangig in Behörden und Ämtern angewandt wird. Die klare Struktur in Behörden, mit ihren Vorschriften, Regeln, Dienstanweisungen und Gesetzen, lassen eigentlich keinen anderen Führungsstil zu. Sollten andere Führungsstile angewandt werden, sind diese meist sehr schnell zum Scheitern verurteilt.

ZIEL(E) des bürokratischen Führungsstils:
Klare Regeln und Vorschriften zu sämtlichen Abläufen!
Strikte Einhaltung dieser Regeln und Vorschriften, um sich in der Außendarstellung als eine vertrauenswürdige Organisation darzustellen!

VORTEIL(E)	NACHTEIL(E)
• Mitarbeiter sind keinen willkürlichen Anordnungen von Vorgesetzten ausgesetzt! • Führungskräfte können aufgrund des bestehenden Regelwerkes schnell ausgetauscht werden, ohne dass sich Abläufe dadurch verzögern! • Fehlentscheidungen sind durch den kleinen Entscheidungsspielraum der Führungskräfte nahezu ausgeschlossen.	• Kein flexibles Handeln der Mitarbeiter möglich. • Kreative Mitarbeiter sind in ihrer Arbeit eingeschränkt. • Dieser fehlende Freiraum kann die Arbeitsmoral senken (Dienst nach Vorschrift)!

Exkurs: Die drei klassischen Führungsstile nach Kurt Lewin
Im Jahr 1938 definierte der deutsche Sozialpsychologe Kurt Lewin (* 09.09.1890, † 12.02.1947) weitere Formen von Führungsstilen. In seiner Forschungsarbeit untersuchte er das Gruppenverhalten von Jugendlichen. Aus den Ergebnissen definierte Lewin drei Führungsstile, die er als „klassische Führungsstile" bezeichnete.

Zu den „klassischen Führungsstilen" zählen der

- hierarchische (autoritäre) Führungsstil,
- kooperative Führungsstil,
- Laissez-Faire-Führungsstil.

Hierarchischer (autoritärer) Führungsstil

In der ersten Hälfte des letzten Jahrhunderts galt der autoritäre Führungsstil als Wegweiser für den Erfolg eines Unternehmens. Dieser Führungsstil zeichnete sich durch Einhaltung von strengen Regeln und klaren Vorgaben des hierarchisch höherstehenden Vorgesetzten aus. Einfach ausgedrückt: Der Boss übernimmt die Verantwortung, trifft sämtliche Entscheidungen und delegiert von oben herab. Heutzutage hat man erkannt, dass dieser Führungsstil alles andere als erfolgreich ist. Im Gegenteil! Eigeninitiativen, Engagement, Begeisterung und Motivation werden durch den autoritären Führungsstil unterbunden und erschweren jegliche Teamarbeit. Die sich daraus entwickelnde Unzufriedenheit endet in der „inneren Kündigung" der Mitarbeiter. Der unternehmerische Misserfolg ist dadurch vorprogrammiert. Allerdings besitzt der hierarchische Führungsstil auch einen ausschlaggebenden Vorteil: In einer Krisensituation trifft lediglich eine Person Entscheidungen und übernimmt dabei auch die Verantwortung.

ZIEL(E) des hierarchischen Führungsstils:

Bitte beachten: Es sollten die Begriffe „Autorität" und „autoritär" nicht gleichbedeutend genutzt werden. Während „Autorität" die Macht bzw. das Ansehen einer einzelnen Person widerspiegelt, steht „autoritär" für negative Kriterien, wie z. B. „diktatorisch" oder „totalitär". Im Leben wird mit diesem Begriff der unbedingte Gehorsam eines Menschen gegenüber einer anderen Person beschrieben – umgesetzt auf das Thema Führungsstil keineswegs eine zeitgemäße Variante.

Der Fokus wird ausschließlich auf den unternehmerischen Erfolg bzw. das Gelingen des Prozesses gelegt.

VORTEIL(E)	NACHTEIL(E)
• Durchaus sinnvoll, wenn der Prozess schnelle Entscheidungen erfordert und die Führungskraft gleichzeitig Fachmann auf diesem Gebiet ist. • Kompetenzen sind eindeutig geregelt. Kontrolle des Prozesses in einer Hand. • Bündelung von Informationen auf der Führungsebene. • Entscheidungen laufen strikt von oben nach unten.	• Fehlentscheidungen der Führungskraft können erhebliche Auswirkungen auf den Prozess haben. • Bei Ausfall, z. B. Krankheit, der Führungskraft werden keine Entscheidungen getroffen und der Prozess stockt. • Die Unzufriedenheit unter den Mitarbeitern ist sehr groß, die „innere Kündigung" vorprogrammiert.

Kooperativer (demokratischer) Führungsstil

Der kooperative Führungsstil, häufig auch als demokratischer Führungsstil bezeichnet, gilt mittlerweile als der modernste Führungsstil in der heutigen Arbeitswelt. Hierbei arbeiten die Führungskraft und ihre Mitarbeiter sehr eng zusammen. Dieser Führungsstil verbindet drei wichtige Eckpfeiler des heutigen, modernen Arbeitslebens miteinander:

- Kooperation,
- Zusammenarbeit,
- Teamwork.

Bei einem kooperativen Führungsstil versteht es die Führungskraft, ihre mit unterschiedlichen Kompetenzen ausgestatteten Mitarbeiter durch eine offene Kommunikation untereinander und mit gemeinsam definierten Zielen so zu fördern, dass der Erfolg eines Prozesses vorgegeben ist. Eine kooperative Führungskraft wertschätzt ihre Mitarbeiter und gibt ihnen volles Vertrauen. Das daraus resultierende positive Betriebsklima lässt Eigeninitiative der Mitarbeiter nicht nur zu, sie ist sogar ausdrücklich erwünscht. Eine Führungskraft mit diesem Führungsstil erwartet allerdings auch, dass von den Mitarbeitern im Konfliktfall uneingeschränkte Unterstützung erfolgt. Aufgrund der vielen Freiheiten der Mitarbeiter sollte eine kooperativ ausgerichtete Führungskraft willensstark und durchsetzungsfähig sein. Neue Erkenntnisse haben ergeben, dass ein kooperativer Führungsstil vorrangig in jungen Unternehmen zur Anwendung kommt, die Verbindungen zum politischen, demokratischen Umfeld besitzen.

ZIEL(E) des kooperativen Führungsstils:

- Lösungen einvernehmlich innerhalb des Teams finden
- Entscheidungen gemeinsam vertreten
- die Motivation und das Engagement der Mitarbeiter ständig steigern

VORTEIL(E)	NACHTEIL(E)
• Die Führungskraft erkennt durch ihre Offenheit das Potenzial eines jeden Mitarbeiters. • Mitarbeiter fühlen sich im Team wohl. Teamarbeit ist die Normalität. Es entstehen immer wieder Räume für neue Ideen und Lösungen. • Die Identifikation der Mitarbeiter mit dem Unternehmen wird gesteigert. Mitarbeiter spüren die Wertschätzung.	• Die Entscheidungsfindung kann zwar langsamer erfolgen, das Ergebnis ist allerdings optimal. • Die Menge an Ideen und Meinungen kann zu Spannungen im Team führen. • Die Führungskraft muss neben einer Menge Geduld ein hohes Durchsetzungsvermögen gegenüber den Teammitgliedern besitzen, ohne aber gleichzeitig als autoritär betrachtet zu werden.

Laissez-Faire-Führungsstil

Bei einem Laissez-Faire-Führungsstil wird von der Führungskraft weitestgehend auf ein Eingreifen in einen Prozess verzichtet. Dieser Führungsstil stellt die Selbstständigkeit von Mitarbeitern in den Vordergrund, insbesondere dann, wenn von den Mitarbeitern eine umfangreiche Kreativität gefordert wird. Dabei sind die Mitarbeiter nicht an feste Regeln gebunden, treffen Entscheidungen selbst und kontrollieren sich auch innerhalb des Teams. Der Gestaltungsspielraum seines Arbeitsumfeldes ist somit jedem Mitarbeiter selbst überlassen.

ZIEL(E) des Laissez-Faire-Führungsstils:

- Übertragung von direkter Verantwortung an die Mitarbeiter
- Steigerung der Kreativität der Mitarbeiter
- Mitarbeitern wird die Möglichkeit gegeben, Kenntnisse anderer Teammitglieder zu erlernen und selbst umzusetzen. So sammeln sie direkte Berufserfahrung.

VORTEIL(E)	NACHTEIL(E)
• Durch Förderung der selbstständigen Arbeit können Mitarbeiter zufrieden ihrem Job nachgehen. • Die Mitarbeiter können eigene Erfahrungen direkt in den Prozess einbringen. • Jeder Mitarbeiter trägt zur positiven Teamumgebung bei. • Jedes Team ist in der Lage, sein eigenes Arbeitsumfeld zu schaffen. • Führungskräfte können sich ausschließlich mit strategischen Aufgaben beschäftigen.	• Fehlendes Feedback kann die Motivation negativ beeinflussen. • Durch das fehlende Rollenbewusstsein wird die Position der Führungskraft abgewertet. • Der Führungsstil kann durch Mitarbeiter zum eigenen Vorteil ausgenutzt werden. • Die Funktion einer Führungskraft könnte abgewertet werden. • Führungskräfte könnten sich ihrer eigentlichen Führungsverantwortung entziehen.

Der situative Führungsstil

Wenn Sie die bisher dargestellten Führungsstile genau betrachten, wird vermutlich bei Ihnen folgende Frage aufkommen:

> **„Kann bei der Vielzahl der beschriebenen Führungsstile überhaupt ein einzelner konsequent** ganzheitlich **umgesetzt werden?"**

Genau mit dieser Frage beschäftigte sich in mehreren Forschungsprojekten seit den 40er Jahren des letzten Jahrhunderts der Organisationspsychologe **Fred Edward Fiedler** (* 13.07.1922, † 08.06.2017). Als Ergebnis seiner Forschungen entwickelte Fiedler im Jahr 1967 die sogenannte **Führungstheorie**, auch als **Kontingenztheorie** bezeichnet. Das entscheidende Merkmal der Führungstheorie ist die Feststellung, dass ein einzelner Führungsstil niemals den unterschiedlichen Persönlichkeiten von Mitarbeitern gerecht wird und folglich auch nicht zu einem umfassenden Erfolg führen kann. Das bedeutet aber im Umkehrschluss, dass für den unternehmerischen Erfolg, angepasst an die jeweilige Situation, **unterschiedliche Führungsstile** eingesetzt werden müssen.Diesen angepassten Führungsstil bezeichnete Fiedler als **„situativen Führungsstil"**, wobei er diesen Stil zusätzlich noch in drei **richtungsbezogene Varianten** aufgliederte, den

- aufgabenorientierten Führungsstil,
- mitarbeiterorientierten Führungsstil,
- transaktionalen Führungsstil.

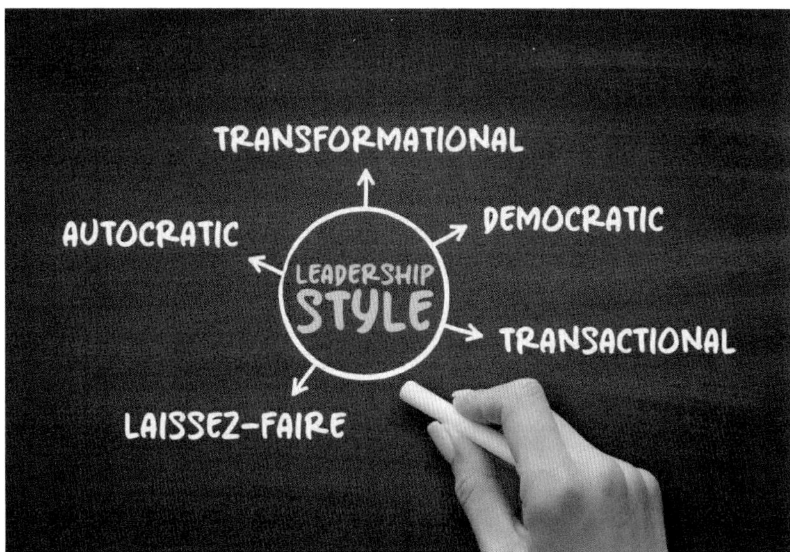

Richtung 1: Aufgabenorientierter Führungsstil

Bei diesem Führungsstil steht das **gesamte Team**, die gesamte Belegschaft im Fokus. Es werden für angestrebte Unternehmensziele klare Leistungskennzahlen, betriebswirtschaftlich als **Key Performance Indicator (KPI)** bezeichnet, festgelegt.

Anhand dieser **KPIs** wird der Erfüllungsgrad der angestrebten Ziele **überwacht.** Damit die Mitarbeiter diesen Prozessen positiv gegenüberstehen, werden sie in regelmäßigen Feedbacks, positiv oder negativ, über den Stand der angestrebten Unternehmensziele informiert.

Durch den Aufgabenorientierten Führungsstil soll erreicht werden, dass die Mitarbeiter mit geringem Aufwand eine Vielzahl von Aufgaben erledigen.

Richtung 2: Mitarbeiterorientierter Führungsstil

Auch bei diesem Führungsstil stehen die Mitarbeiter im Fokus. Allerdings steht nicht die Zielvereinbarung im Vordergrund, sondern das gegenseitige **Vertrauen zwischen Führungskraft und Mitarbeiter.** Jeder einzelne Mitarbeiter wird gemäß seinen **Fähigkeiten,** aber auch seinen **Bedürfnissen** im jeweiligen Prozess eingesetzt. Die dadurch geförderte Motivation der Mitarbeiter erzeugt eine hohe Verbundenheit gegenüber dem Unternehmen und eine hohe Leistungsfrequenz für das Erreichen der Unternehmensziele. Ein Nachteil bei diesem Führungsstil ist die hohe Anforderung an die Führungskraft in puncto Sozialkompetenz.

Doch was bedeutet Sozialkompetenz?

Genau betrachtet ist der Begriff Sozialkompetenz ein Sammelbegriff. Sozialkompetenz vereint die Eigenschaften und Verhaltensweisen eines jeden im sozialen Umgang mit anderen Menschen. Einige Beispiele der sozialen Kompetenz sind z. B. Zuverlässigkeit, Entscheidungsfähigkeit, Einfühlungsvermögen, Kompromissbereitschaft, positive Lebenseinstellung, aktives Zuhören, Überzeugungskraft, Charisma usw.

Kann man Sozialkompetenz erlernen?

Sozialkompetenz ist in erster Linie durch das soziale Zusammenleben mit anderen Menschen erlernbar. Eine entscheidende Rolle bei der Sozialkompetenz ist eben die Fähigkeit der eigenen Selbstreflexion

Und was ist Selbstreflexion?

Selbstreflexion wird innerhalb der Psychologie als Eigenschaft betrachtet, sein Inneres offenzulegen, genauestens zu betrachten und über seine Emotionen (Gefühle, Gedanken) nachzudenken, um diese gleichzeitig zu hinterfragen. Selbstreflexion soll als Ziel haben, weitere Eigenschaften von sich selbst zu ermitteln.

Richtung 3: Transaktionaler Führungsstil

Bei diesem Führungsstil wird durch die Führungskraft das Augenmerk auf klassische Tugenden gelegt, z. B. eine festgelegte Ordnung im Team, eine klar definierte Struktur im Prozess und eine auf das endgültige Ziel ausgerichtete Planung. In der Praxis bedeutet dies, dass eine Führungskraft ihrem Team direkte Anweisungen erteilt und somit jedes Teammitglied genau weiß, welche Aufgaben zu erledigen sind. Als Motivation wird bei dem transaktionalen Führungsstil mit einem Belohnungssystem gearbeitet. Teammitglieder entwickeln dadurch ein gewisses Eigeninteresse, gute Arbeit abzuliefern, um Nutznießer der Belohnungen zu sein.

Merkmale des situativen Führungsstils

Das besondere Merkmal beim Einsatz des situativen Führungsstils ist, über die Fähigkeit der Mitarbeiter genaueste Einschätzungen vornehmen zu können. Dafür steht der Führungskraft eine Beurteilungs-/Bewertungstechnik, das sogenannte **Reifegradmodell**, zur Verfügung. Mit diesem Modell werden Mitarbeiter nach bestimmten Kriterien in **vier Reifegrade**, die sogenannten Commitments, eingeordnet. Auch wenn dies zuerst einmal sehr theoretisch klingt, erlaubt das Reifegradmodell in der Verbindung mit den unterschiedlichen Führungsstilen, in jeder Situation auf jeden einzelnen Mitarbeiter einzugehen und ihn entsprechend zu führen.

Die Reifegrade charakterisieren sich wie folgt:

Reifegrad 1 (auch als Anordnungsgrad bezeichnet)

Bei Mitarbeitern, die in diesen Reifegrad eingruppiert werden, muss die Führungskraft das Augenmerk auf **klare Anweisungen** zum Arbeitsauftrag legen, da diese Mitarbeiter schwer einzuschätzen sind oder mindestens nicht eindeutig klar ist, wie sie Arbeitsaufträge fachlich und zeitlich umsetzen können. Klare Anweisungen sollten grundsätzlich durch feststehende Anforderungen ausgesprochen werden. Hilfreich kann hierbei die sogenannte **3-W-Regel** sein:

- **W**as beinhaltet der Auftrag?
- **W**ie wird der Auftrag abgearbeitet?
- **W**ann muss der Auftrag erledigt sein?

Mit diesen klaren Regeln sollte es die Führungskraft schaffen, bei den Mitarbeitern die notwendige Akzeptanz für einen Auftrag zu erreichen.

Fazit zum Reifegrad 1: Mitarbeiter dieses Reifegrades müssen zwingend geführt werden. Die Führungskraft tritt dabei im Prozessablauf nicht unterstützend auf, was zum großen Teil einem autoritären Führungsstil entspricht.

Reifegrad 2 (auch als Argumentationsgrad bezeichnet)

Bei diesem Führungsstil werden ähnlich des Reifegrades 1 **klare Anweisungen** an die Mitarbeiter erteilt, allerdings werden diese **zusätzlich im Detail erklärt.** Dadurch sollen sich die Mitarbeiter schneller mit dem Auftrag identifizieren und dem Ablauf des Prozesses zustimmen. Den Mitarbeitern wird dabei die Möglichkeit eingeräumt, bei Unklarheiten nachzufragen bzw. auch **eigene Vorschläge** einzubringen. Dabei sollte die Führungskraft allerdings nicht den Fehler begehen, aufgrund dieser Nachfragen bzw. Vorschläge von seinen ursprünglichen Anweisungen abzuweichen. Vorschläge der Mitarbeiter dürfen lediglich in den Prozess eingearbeitet werden, wenn sie absehbar zu einem größeren Erfolg des Prozesses beitragen. Im eigentlichen Prozess werden die Mitarbeiter durch die Führungskraft in der Umsetzung des Auftrags unterstützt. Klar bleibt aber immer: Die Entscheidungskompetenz liegt grundsätzlich bei der Führungskraft.

Fazit zum Reifegrad 2: Ein Mitarbeiter dieses Reifegrades unterliegt zwar ebenfalls strikten Anweisungen, die aber durch die Führungskraft erklärt werden. Im Prozessablauf bindet sich die Führungskraft mit unterstützenden Maßnahmen ein.

Reifegrad 3 (auch als Motivationsgrad bezeichnet)

Bei diesem Führungsstil ist die direkte Einbindung der Mitarbeiter in den Entscheidungsprozess gewollt. Die Mitarbeiter werden durch die Führungskraft sogar motiviert, eigene Entscheidungen vorzutragen und diese, nach Billigung durch die Führungskraft, auch umzusetzen. So soll die Eigeninitiative bzw. die Kreativität der Mitarbeiter gefördert werden. Die Entscheidungskompetenz liegt bei diesem Führungsstil gemeinsam bei der Führungskraft und den Mitarbeitern.

Fazit zum Reifegrad 3: Die Eigeninitiative bzw. die Kreativität eines Mitarbeiters wird gefördert. Die Führungskraft reagiert im Prozess weniger anweisend, sondern eher unterstützend. Die Entscheidungskompetenz liegt bei der Führungskraft und den Mitarbeitern gemeinsam.

Reifegrad 4 (auch als Delegationsgrad bezeichnet)

Bei diesem Führungsstil werden den Mitarbeitern nicht nur die Entscheidungen, sondern auch die Abwicklung des Arbeitsprozesses in eigener Verantwortung übergeben. Die Führungskraft legt lediglich Ziel und Endergebnis eines Prozesses fest. Innerhalb des Arbeitsprozesses stärkt die Führungskraft die Mitarbeiter mit ihrem Vertrauen in die Qualität ihrer Arbeit. Kontrollen durch die Führungskraft erfolgen nur minimal.

Fazit zum Reifegrad 4: Die Aufgabe und die Umsetzung des Prozesses wickeln die Mitarbeiter ohne Unterstützung der Führungskraft und in eigener Verantwortung ab. Die Aufgabe der Führungskraft liegt lediglich in der eindeutigen Ziel- und Ergebnisvorgabe.

Vorteile	**Nachteile**
• Der Führungsstil kann individuell auf jeden einzelnen Mitarbeiter angewandt werden und ist dadurch flexibel. • Mitarbeiter, insbesondere die mit geringer Berufserfahrung, können durch diesen Führungsstil individuell gecoacht und gefördert werden. • Engagierte Mitarbeiter können sich durch eigene Ideen in den Prozess einbringen, dadurch wird der Grad einer persönlichen Selbstbestimmung der Mitarbeiter gestärkt. • Durch die gestärkte Selbstbestimmung der Mitarbeiter wird die Führungskraft in ihrer ursächlichen Aufgabe entlastet. • Die Einbindung neuer Mitarbeiter gestaltet sich durch klare Regeln bzw. Anweisungen sehr einfach. • Die Führungskraft kann durchgehend ihr Führungsverhalten, insbesondere bei auftretenden Problemen, analysieren und der Situation entsprechend anpassen. Ergebnisse aus einer Analyse können z. B. Antworten auf drei entscheidende Fragen sein: • Habe ich als Führungskraft zu wenig unterstützt? • War der Mitarbeiter mit der übertragenen Aufgabe einfach überfordert? • Habe ich als Führungskraft zu selten Zwischenergebnisse vom Team eingefordert?	• Die Führungskraft ist nicht in der Lage, die Selbstbestimmung jedes einzelnen Mitarbeiters richtig einzuschätzen. • Durch diese falsche Einschätzung können einzelne Mitarbeiter benachteiligt werden, was unweigerlich zu unnötigen Spannungen im Team führt. • Die Führungskraft kann aus vergangenen Erfahrungen Vorurteile gegenüber Mitarbeitern haben und daher kein Teamspirit erzeugen. • Mitarbeiter können aus persönlichen Beziehungen heraus bevorzugt werden. Das sorgt unweigerlich für Spannungen im Team. • Die Selbstbestimmung der Mitarbeiter und die daraus resultierenden Entscheidungen werden im Nachhinein durch die Führungskraft außer Kraft gesetzt und neu formuliert. • Einseitige Neuformulierungen von Entscheidungen durch die Führungskraft erzeugen bei den Mitarbeitern Frust und Ärger.

Eigenschaften einer Führungskraft

Neben den Führungsstilen, die man eher als statisch bezeichnen kann, muss eine erfolgreiche Führungskraft zusätzlich zu ihrer persönlichen Kompetenz weitere Fähigkeiten besitzen. Dazu gehören z. B.

- die Fähigkeit, interpersonell zu kommunizieren;
- die Fähigkeit, aktiv zuzuhören;
- die Fähigkeit, motivieren zu können;
- die Fähigkeit, diplomatisch aufzutreten;
- die Fähigkeit, entschlussfreudig zu handeln;
- die Fähigkeit, genaue Zielsetzungen vorzugeben;
- die Fähigkeit, Konflikte zu lösen.

Dies alles wird niemandem automatisch in die Wiege gelegt, sondern muss in Seminaren oder Workshops erlernt und immer wieder aufgefrischt und ggf. weiterentwickelt werden. **Schauen wir uns nun die Fähigkeiten genauer an:**

1. Die Fähigkeit, interpersonell zu kommunizieren
Kommunizieren ist immer der Grundstein zum beruflichen Erfolg. Kommunikation besteht allerdings nicht nur aus Ihrem verbalen (Sprache / Tonfall), sondern auch aus Ihrem nonverbalen (Mimik / Gestik) Auftreten. Genau darin liegt für eine erfolgreiche Führungskraft ein entscheidendes Problem. Kommunikation besteht immer aus einem Sender (z. B. Sie) und einem Empfänger (z. B. Mitarbeiter) und der Empfänger kann durchaus etwas anderes in die Aussage des Senders hineininterpretieren, insbesondere bei negativen Äußerungen. Erfolgreiche Führungskräfte kommunizieren daher immer mit positiv wirkenden Worten und in einem frischen Tonfall.

Ein kleines Beispiel: Das immer wieder gern genutzte strenge Wort „Herausforderung" lässt sich positiver mit dem Wort „Chance" aussprechen.

2. Die Fähigkeit, aktiv zuzuhören
Auch das aktive Zuhören ist eine Form der Kommunikation. Als erfolgreiche Führungskraft sollten Sie immer genau zuhören, was Ihnen von Mitarbeitern entgegengebracht wird, und diese Informationen auch ernst nehmen. Nur so können Sie z. B. besondere Bedürfnisse oder Probleme Ihrer Mitarbeiter richtig deuten, ernst nehmen und proaktiv mit diesen Informationen umgehen.

Beispiel: Ein Mitarbeiter informiert Sie, dass er sich gerne Projekten aus dem Datenbereich widmen möchte, da er eine entsprechende Zusatzausbildung vorweisen kann. Nehmen Sie diese Aussage ernst und erfüllen Sie den Wunsch Ihres Mitarbeiters. Er erkennt, dass Sie ihn ernst nehmen, er ist zufrieden und vermutlich zukünftig einer Ihrer besten Mitarbeiter.

3. Die Fähigkeit, motivieren zu können

Dass sich ein dauerhaft hohes Arbeitsvolumen nicht nur auf die Gesundheit, sondern auch auf die Moral von Mitarbeitern auswirkt, ist sicherlich keine neue Erkenntnis. Diese Situation werden Sie dauerhaft nicht mit motivierenden Ansprachen verändern können. Sie können zwar das hohe Arbeitsvolumen nicht reduzieren, aber z. B. in Einzelgesprächen die Probleme und individuellen Probleme eines jeden Mitarbeiters erfragen und dann mit eigener Initiative Ihre Mitarbeiter unterstützen, Probleme zu beheben und individuelle Ziele zu erreichen.

Setzen Sie auch Möglichkeiten um, geeignete Mitarbeiter zu fördern, um sie zukünftig in einer anderen Funktion in Arbeitsprozessen einzusetzen. Das wäre nicht nur eine positive Motivation und ein erfolgreiches Ergebnis für das Unternehmen – vielleicht wächst so eine neue Führungskraft heran!

Tipps für eine gelungene **Motivation Ihrer Mitarbeiter:**

Bekunden Sie jedem einzelnen Mitarbeiter Ihr Interesse an ihm. So könnten Sie Fragen zu seiner beruflichen Situation stellen, z. B.:

- Sind Sie mit Ihrer aktuellen Aufgabe im Prozess zufrieden?
- Haben Sie Vorschläge, um den Prozess zu verbessern?
- Was würden Sie persönlich gerne ändern wollen?
- Gibt es Dinge, die Ihnen besonders gut/schlecht an Ihrer Arbeit/Aufgabe oder an dem Team gefallen?
- etc.

Sie könnten aber auch Fragen zu persönlichen Dingen stellen, z. B.:

- Wie haben Sie Ihren Urlaub verlebt?
- War es angenehm?
- Haben Sie viel Spaß gehabt?
- Erzählen Sie mir doch mal von Ihren Interessen und Hobbys! Was gefällt Ihnen denn so?
- etc.

Diese Fragen bestätigen dem Mitarbeiter Ihr Interesse an seiner Person. Das ist Motivation pur und zeigt außerdem Ihre persönliche Wertschätzung auf.

4. Die Fähigkeit, diplomatisch aufzutreten

Bei der Diplomatie handelt es sich um eine äußerst sensible Fähigkeit, da Sie als Führungskraft zwiegespalten auftreten müssen. Zum einen sollen Sie die Ziele des Unternehmens vertreten, zum anderen möglichen Vorstellungen / Wünschen Ihrer Mitarbeiter nachkommen. Diplomatie ist folglich nichts anderes als ein Balanceakt zwischen Zielen und Wünschen. Hierbei hilft Ihnen eine lebendige und offene Kommunikation zwischen der Unternehmensführung, Ihnen als direkte Führungskraft und den Mitarbeitern. Lebendige und offene Kommunikation ist immer ein wichtiger Grundstock für eine erfolgversprechende Motivation von Mitarbeitern.

Beispiel: Sie erkennen, dass das angestrebte Unternehmensziel absehbar nicht erreichbar ist. Überstunden wären ein wirksames Mittel, um das Ziel zu erreichen. Per Anweisung werden Sie allerdings bei Ihren Mitarbeitern nicht auf Gegenliebe stoßen! Sie könnten aber z. B. bei der Unternehmensleitung ein Bonussystem für überdurchschnittliche Leistungen aushandeln und das Ergebnis Ihren Mitarbeitern mitteilen. Für den einzelnen Mitarbeiter wird dadurch erkennbar, dass sich Engagement finanziell auswirkt, die Unternehmensleitung wird den positiven Fortschritt des Prozesses erkennen. Mehr Diplomatie geht nicht!

5. Die Fähigkeit, entschlussfreudig zu handeln

Als erfolgreiche Führungskraft müssen Sie ständig Entscheidungen, gleich, ob wichtig oder weniger wichtig, treffen. Versuchen Sie niemals, sich diesen Entscheidungen zu entziehen, sondern treffen Sie diese möglichst zeitnah zum aufgetretenen Sachverhalt. Mitarbeiter entwickeln schnell die Erkenntnis, dass Führungskräfte proaktiv Entscheidungen treffen oder sich lieber davor scheuen. Letzteres führt unweigerlich dazu, dass Sie als Führungskraft nicht akzeptiert werden. In der Folge könnte es dazu führen, dass Mitarbeiter selbst Entscheidungen treffen, aber im Falle eines Misserfolges Sie der Hauptschuldige sind – und das nur, weil Sie sich nicht entschlussfreudig präsentiert haben.

Beispiel: Entschlussfreudigkeit bedeutet nichts anderes als selbstbewusst Entscheidungen zu treffen. Betrachten Sie nochmals das vorherige Beispiel mit dem drohenden Scheitern des Unternehmensziels. Mit Ihren Mitarbeitern haben Sie das drohende Szenario durchgesprochen und dabei eine Vielzahl von Vorschlägen erhalten, um dieses zu verhindern. Wägen Sie sämtliche Vorschläge genauestens und, besonders wichtig, praxisorientiert ab. Das Ziel behalten Sie dabei stets im Auge. Treffen Sie danach eine Entscheidung für das weitere Vorgehen. Informieren Sie zum Schluss Ihr Team und weisen Sie darauf hin, diese Entscheidung voller Überzeugung getroffen zu haben. Das selbstbewusste Treffen von Entscheidungen ist eine Fähigkeit, die jede Führungskraft besitzen sollte.

6. Die Fähigkeit, genaue Zielsetzungen vorzugeben

Zielsetzung ist eine der anspruchsvollsten Fähigkeiten, über die eine erfolgreiche Führungskraft verfügen sollte. Diese Fähigkeit ist eng verknüpft mit der Fähigkeit, Mitarbeiter motivieren zu können. Die vorgegebenen Ziele sollten klar definiert, nachvollziehbar und, besonders wichtig, auch erreichbar sein. Daraus entwickeln sich für Ihre Mitarbeiter Erfolge, die wiederum den Zusammenhalt des Teams verstärken.

Beispiel: Die Unternehmensleitung erkennt, dass das Unternehmensziel im 1. Quartal voraussichtlich nicht erreicht wird. Sie werden als Führungsverantwortlicher aufgefordert, diesem Trend entgegenzuwirken. Um diese Vorgabe umsetzen zu können, stehen Ihnen zwei Möglichkeiten zur Verfügung:

1. Sie informieren Ihre Teammitglieder und weisen darauf hin, dass die Unternehmensziele im 1. Quartal nicht erreicht werden. Das ist zwar ausgesprochen, wird auch von Ihren Mitarbeitern zur Kenntnis genommen, aber keine besondere Wirkung zeigen.
2. Sie informieren Ihre Teammitglieder, zeigen aber gleichzeitig neue, klar definierte Ziele auf, die in der Konsequenz dazu führen, dass die ursprünglich gesetzten Unternehmensziele doch noch erreicht werden können. Super! Das kommt bei den Mitarbeitern an! Menschen neigen dazu, Schuldgefühle zu entwickeln, auch wenn diese nicht offen gezeigt werden. Menschen nehmen aber auch dankbar motivierende Vorschläge an, um gar nicht in die Situation zu geraten, Schuldgefühle entwickeln zu müssen. So können Mitarbeiter auch motiviert werden!

7. Die Fähigkeit, Konflikte zu lösen
Für diese Fähigkeit sind ein hohes Maß an Geduld, eine positive Kommunikation und die Eigenschaft der schnellen Entscheidungsfähigkeit notwendig. Ein Konflikt baut sich meist innerhalb der Mitarbeiter auf und basiert größtenteils auf unterschiedlichen Meinungen, die zunächst nicht vereinbar scheinen – zumindest könnten dies Ihre Mitarbeiter so wahrnehmen. Nun sind Sie als Führungskraft gefragt. Ihre Aufgabe ist es, als Vermittler (und eventuell auch als Problemlöser) gezielt einzuschreiten.

Beispiel: Zwei Mitarbeiter Ihres Teams geraten aneinander, weil sie unterschiedliche Wege für die Zielerreichung favorisieren. Die Situation eskaliert und verhindert eine erfolgreiche Zusammenarbeit. Zur Lösung könnten Sie als Führungskraft jetzt eine ultimative Entscheidung treffen, die womöglich von mindestens einem Mitarbeiter nicht mitgetragen wird, da seine Meinung „unterdrückt" wird. Eine schlechte Lösung! Versuchen Sie daher besser, durch gegenseitige Gespräche eine gemeinsame Lösung zu finden. Hören Sie sich die Meinungen der Beteiligten in Ruhe an, wägen Sie Gemeinsamkeiten ab, schlagen Sie Kompromisse vor und versöhnen Sie dadurch beide Mitarbeiter wieder. Sie erreichen dies am besten durch Vorschläge zur Lösung des Problems, die beide Beteiligten tragen können. Versuchen Sie auf jeden Fall, dass alle gemeinsam gestärkt aus diesem Gespräch herausgehen. Beidseitig getroffene Kompromisse bringen jeden Beteiligten wieder auf den Kurs, das Unternehmensziel zu erreichen.

Strategisches und operatives Management

Bisher wurden bei dem Thema Unternehmensführung vorrangig Führungskräfte angesprochen, die mit ihren persönlichen Eigenschaften und ihrem individuellen Führungsstil ein Unternehmen voranbringen können. Erfolgreich umgesetzt werden kann dies aber nur, wenn Führungskräfte über die Ziele ihres Unternehmens umfassend informiert sind. Anderenfalls droht bei noch so großer Qualifikation der Führungskräfte ein Scheitern des unternehmerischen Erfolges.

Es stellt sich folglich die Frage:

Wie schafft es ein Unternehmen, jede einzelne Führungskraft, gegliedert nach der hierarchischen Stellung, über Unternehmensziele umfassend zu informieren und auch bei anstehenden Korrekturen der Unternehmensziele immer auf dem aktuellen Informationsstand zu halten?

Um dies zu erreichen, stehen einer Unternehmensführung zwei Managementfunktionen zur Verfügung, die Bestandteile der Betriebswirtschaftslehre sind:

- das strategische Management
- das operative Management

Strategisches Management

Das strategische Management beschäftigt sich mit der Analyse einer erfolgreichen Entwicklung des Unternehmens, dem Erreichen angestrebter Unternehmensziele und daraus resultierend mit dem Erzielen eines Vorteils gegenüber Mitbewerbern.

Dazu sollen folgende drei Ansätze greifen:

1. Das Unternehmen soll zukunftsorientiert ausgerichtet sein.
2. Das Unternehmen soll erfolgreich, langfristig und expansiv am Markt positioniert werden.

Um diese beiden Ansätze erfolgreich umzusetzen, müssen ...

3. Die Prozesse innerhalb des Unternehmens dauerhaft verbessert werden.

Besonders wichtig bei dem strategischen Management ist, dass diese drei Ansätze nicht einmalig, sondern **dauerhaft angewendet** werden sollten. So können sich z. B. wirtschaftliche Bedingungen aufgrund politischer Entscheidungen im Wandel der Zeit verändern. Ein am Markt erfolgreich agierendes Unternehmen **reagiert** darauf sofort und sichert sich so seinen entscheidenden Wettbewerbsvorteil – frei nach dem alten deutschen Sprichwort: *„Wer zuerst kommt, mahlt zuerst!"*

Im Kern besteht die Umsetzung des strategischen Managements aus der Beantwortung von Fragen, aus denen die Unternehmensführung die **Ausrichtung und die Ziele des Unternehmens definieren** kann. Es sollten allerdings die richtigen Fragen sein! Doch welche Fragen sind richtig? **Nachfolgend wahlweise eine kleine Auswahl von Fragen, die selbstverständlich von Unternehmen zu Unternehmen unterschiedlich definiert werden können, jedoch durchaus hilfreich sind:**

Fragen zu Produkten:

• In welchem Produktbereich wollen wir mit unserem Unternehmen tätig sein?

• Sind wir in unserem aktuellen Produktbereich bereits bedeutsam?

o **Wenn ja:** Wollen wir unseren aktuellen Produktbereich innerhalb „xx" Jahren entscheidend erweitern?

o **Wenn nein:** Wollen wir unseren aktuellen Produktbereich innerhalb „xx" Jahren verändern?

• Welche Produktbereiche schließen wir kategorisch aus?

• Besteht eine Nachfrage zu unserem Produkt?

Fragen zum Kundenstamm:

• Wie sieht unser Kundenportfolio (= Kunden bzw. Kundengruppen, also Ihre Zielgruppe) aus?

• Mit welchen Maßnahmen schaffen wir es, diese Kunden an das Unternehmen zu binden?

• Wie können wir neue Kunden dazugewinnen?

Fragen zur Unternehmensqualität:

• Mit welchen Stärken überzeugen wir am Markt?

• Welche Kapazitäten können wir ausweiten?

• Wie können wir Stärken weiter entwickeln und Kapazitäten erhöhen?

Fragen zum Erfolg des Unternehmens:

• Wie beschreiben wir unseren Plan, unternehmerisch erfolgreich zu sein?

• Wie messen wir unseren erzielten Erfolg?

• Wie wollen wir unseren Erfolg zukünftig messen?

Fragen zum Arbeitsfeld unseres Unternehmens:

• Wie definieren wir unsere bisherigen Regeln, nach denen wir arbeiten?

• Gibt es Annahmen, die unsere Arbeit beeinflussen?

• Gibt es einen Grund, bisherige Regeln anzuzweifeln und Annahmen zu ignorieren?

Fragen zum Umfeld des Unternehmens:

- Reagieren wir immer auf aktuelle Veränderungen unseres Produktumfeldes?
- Könnten neue Trends unser Unternehmen negativ beeinflussen?
- Welche Maßnahmen bestehen bereits, um gegen neue Trends gewappnet zu sein?

Aus sämtlichen Fragen bzw. den daraus resultierenden Antworten werden Analysen erstellt, die sowohl das Arbeitsumfeld (intern und extern) betreffen als auch die unternehmerische Präsenz am Markt darstellen. Insbesondere beim letzten Punkt liegt das vorrangige Augenmerk darauf, ob angestrebte Ziele erreicht wurden oder ggf. neu definiert werden müssen. In der Betriebswirtschaftslehre spricht man daher immer häufiger von einer internen und einer externen strategischen Analyse.

Interne strategische Analyse

Einfach ausgedrückt ist diese Analyseform der Blick ins Innere eines Unternehmens. In jedem Unternehmen findet man positive Leistungen, aber eben auch negative Leistungen. Letztere sind die Leistungen, die einen unternehmerischen Erfolg ausbremsen können. Die Ergebnisse aus der internen Analyse sollen bewirken, dass sich das unternehmerische Potenzial erhöht und eingesetzt werden kann, damit das Unternehmen seine gesteckten Ziele erreichen kann. Solide umgesetzt, kann die interne strategische Analyse dem Unternehmen einen entscheidenden Wettbewerbsvorsprung bringen. Nachfolgend wird Ihnen eine Methode vorgestellt, die Ihnen dabei hilft, die genannten Aspekte zu überprüfen und zu analysieren.

SWOT-Analyse

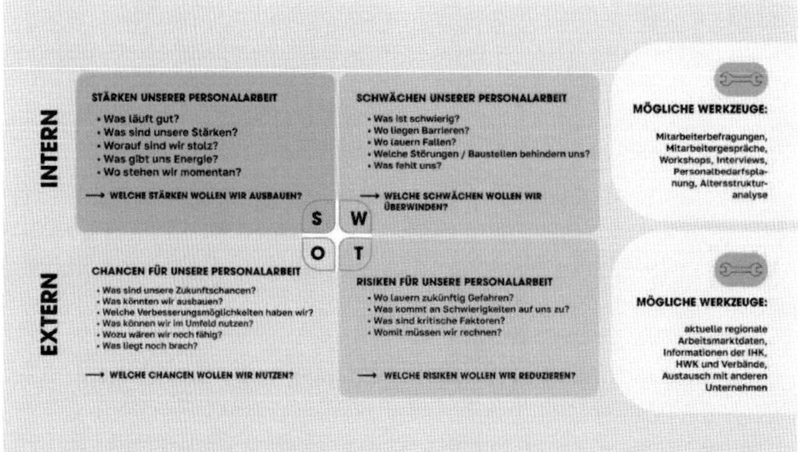

Das Problem bei internen Untersuchungen liegt darin, dass ohne einen neutralen „Leitfaden" interne Prozesse zu positiv (oder ggf. auch zu negativ) bewertet werden und daher die Erkenntnisse weder objektiv sind noch (aufgrund des Mangels an Objektivität) zur Weiterentwicklung genutzt werden. Um diese Wahrnehmungsverzerrung zu verhindern, hilft eine betriebswirtschaftlich fundierte Analysetechnik, die sogenannte **SWOT-Analyse**.

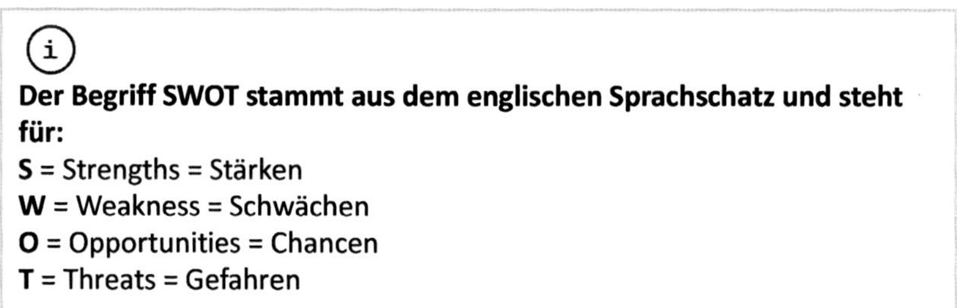

Der Begriff SWOT stammt aus dem englischen Sprachschatz und steht für:
S = Strengths = Stärken
W = Weakness = Schwächen
O = Opportunities = Chancen
T = Threats = Gefahren

Mit dieser Analyseform lassen sich **gezielt** die Schwächen, aber auch die Stärken nach einem festen Regelwerk aufzeigen. Da die SWOT-Analyse ein Bestandteil des strategischen Managements ist, basiert auch diese Analyseform auf Fragen und Antworten, allerdings weitaus umfangreicher.

Nachfolgend einige Beispiele:

Fragen zu Stärken eines Unternehmens (S = Strengths = Stärken):

- Kann deutlich definiert werden, ob unser Unternehmen besser am Markt aufgestellt ist als andere Unternehmen?
- Können wir detailliert aufführen, worin unsere Vorteile gegenüber anderen Unternehmen liegen?
- Welche Ressourcen unseres Unternehmens können wir als einzigartig bezeichnen?
- Sind unsere aktuellen Ressourcen auch der Grundstock für unseren Erfolg?
- Reichen diese Ressourcen aus, um unser Unternehmen am Markt dauerhaft erfolgreich zu positionieren?
- Können wir daraus schlussfolgern, dass unsere Erfolge aus der Vergangenheit nicht nur wiederholt, sondern auch gesteigert werden können?
- Wie betrachten am Markt befindliche Mitbewerber unsere unternehmerische Stärke? Sind alle unsere Produkte wettbewerbsfähig?
- Wo liegen die Mehrwerte unserer Produkte, mit denen sie sich von den Produkten der Mitbewerber abheben?
- Kennen wir im Detail unsere Kunden-Zielgruppe?
- Agieren wir ausreichend, um unsere Zielgruppe zufrieden zu stellen?

Fragen zu Schwächen eines Unternehmens (W = Weakness = Schwächen):

- Was können wir in unserem Unternehmen gezielt und gewinnbringend verbessern? Welche Fehler / Unstimmigkeiten sollten wir umgehend beheben?
- Wie haben unsere Mitbewerber bisher auf unsere Fehler / Unstimmigkeiten reagiert?
- Wie sind wir bisher mit Rückschlägen umgegangen und wie können wir diese zukünftig unterbinden?
- Gibt es Aufträge, die regelmäßig an unsere Mitbewerber vergeben werden? Worin liegen dafür die Gründe?
- Werden die Produkte unserer Mitbewerber vom Kunden vielleicht als besser bewertet?
- Müssen wir deshalb unsere Produkte dem Kunden gegenüber deutlicher und einfacher erklären?
- Reicht unser technisches Equipment nicht aus, um bessere Produkte als die Mitbewerber herzustellen?
- Gibt es noch weitere Faktoren, die einen Misserfolg begünstigen könnten?

Fragen zu Chancen eines Unternehmens (O = Opportunities = Chancen):

- Welche Chancen bieten sich unserem Unternehmen?
- Gibt es neue Trends, die wir mit unseren Produkten nutzen können?
- In welche Richtung entwickelt sich der aktuelle Markt?
- Gibt es Märkte, die wir noch nicht mit unseren Produkten erschlossen haben?
- Stehen Änderungen in der staatlichen Gesetzgebung an und können diese unser Geschäft entscheidend beeinflussen?
- Gibt es Einflüsse in der Gesellschaft, die unser Geschäft negativ beeinflussen könnten?
- Stehen lokale Ereignisse an, auf die wir reagieren müssen?

Fragen zu Risiken eines Unternehmens (T = Threats = Gefahren):

- Gibt es erkennbare Schwierigkeiten, die unseren Erfolg schmälern können?
- Gibt es konkurrierende Unternehmen, die uns am Markt schaden können?
- Was machen diese Unternehmen besser?
- Reicht unsere Produktqualität aus, um unsere Konkurrenten in Schach zu halten?
- Könnten durch neue technische Errungenschaften Gefahren für unser Unternehmen aufkommen?
- Beeinflussen bereits jetzt neue Trends unsere Branche und müssen wir darauf reagieren?
- Hat unser Unternehmen noch Schulden?
- Werden alle offenen Rechnungen von den Kunden noch zeitnah beglichen?

Die Antworten bzw. Ergebnisse aus den einzelnen Fragen sollten auf jeden Fall sichtbar gemacht werden. Da Veränderungen oder Neuausrichtungen in einem Unternehmen erfahrungsgemäß einer etwas längeren Umsetzungszeit bedürfen, ist es notwendig, dass immer wieder auf die ermittelten Ergebnisse der SWOT-Analyse zurückgegriffen werden kann. Dies soll also nicht nur Ihnen ermöglicht werden, sondern auch Ihren Mitarbeitern. Auch sie benötigen einen Überblick über die Ergebnisse, aktuelle Zielsetzungen oder Fortschritte im Unternehmen. Selbstverständlich können Sie jede Antwort in einem Fragebereich mit jeweils einer Maßnahme zur Umsetzung versehen. Dies dürfte aber nicht nur aufgrund der Vielzahl an Antworten sehr unübersichtlich werden, andererseits ist davon auszugehen, dass die **Kernaussagen** einiger Antworten eng beieinander liegen und daher gebündelt werden können.

Die Erkenntnis daraus ist, dass für jeden Fragenbereich eine übergeordnete Strategie erarbeitet werden sollte. Ein optimales Hilfsmittel ist dafür die grafische Darstellung mittels einer **SWOT-Matrix**. An dieser Matrix lassen sich die wichtigsten Strategien erkennen, die, wenn erfolgreich umgesetzt, Ihrem Unternehmen dauerhaften bzw. zukünftigen Erfolg sichern werden.

Beschreibung der grafischen Darstellung einer SWOT-Matrix
Die Grund-Darstellung der SWOT-Matrix besteht in ihrer einfachsten Variante aus einem Quader mit neun Feldern, jeweils drei Felder waagerecht und drei Felder senkrecht positioniert. In der Grund-Darstellung werden die Felder folgendermaßen beschriftet.

Zeile 1:

- Feld 1 = Frei
- Feld 2 = **S**trengths (Stärken)
- Feld 3 = **W**eakness (Schwächen)

Zeile 2:

- Feld 1 = Opportunities = Chancen
- Feld 2 = Frei für den Eintrag einer geplanten Strategie unter dem Motto „Ausbauen“
- Feld 3 = Frei für den Eintrag einer geplanten Strategie unter dem Motto „Aufholen“

Zeile 3:

- Feld 1 = Threats = (Gefahren)
- Feld 2 = Frei für den Eintrag einer geplanten Strategie unter dem Motto „Absichern“
- Feld 3 = Frei für den Eintrag einer geplanten Strategie unter dem Motto „Vermeiden“

Beispiel: In der Zeile 2, Feld 2 wird Ihre Strategie „Ausbauen“ aufgrund des fehlenden Platzes kurz und knapp beschrieben. Eine detailliertere Darstellung oder sogar schon eine festgelegte Zeitschiene inklusive einer Zielvorgabe wird als detaillierter Maßnahmenplan den Führungskräften ausgehändigt.

SWOT - Analyse / Beispiele / Maßnahmen

Die Analyse von Stärken des Unternehmens hat aktuell Folgendes ergeben:

- Das Unternehmen hat in der Vergangenheit erfolgreiche Marketingaktionen durchgeführt!
- Die Produkte des Unternehmens liegen alle im aktuellen Trend des Marktes!

Eine mögliche Strategie wird in der SWOT-Matrix in der 2. Zeile im Feld 2 = „Ausbauen" vermerkt und könnte z. B. folgende sein:

- Der Marketingbereich erhält den Auftrag, die bisherigen Marketingmaßnahmen zu steigern. Dazu sollen bisher nicht genutzte Medien (z. B. Internet, Onlineshop) eingerichtet werden.
- Das Ende dieser Strategie wird mit dem Datum TT.MM.JJJJ genau festgelegt und die Umsetzung wird zum jeweiligen Quartalsende überprüft.

Die Analyse von Schwächen des Unternehmens hat aktuell Folgendes ergeben:

- Das Produkt des Unternehmens wird aktuell nicht nachhaltig produziert!
- Der Verkauf dieses Produktes ist rückläufig!

Eine mögliche Strategie wird in der SWOT-Matrix in der 2. Zeile im Feld 3 = „Aufholen" vermerkt und könnte z. B. folgende sein:

- Die Entwicklungsabteilung erhält den Auftrag, das Produkt binnen XX Monate auf Nachhaltigkeit umzustellen.
- Nach Ablauf der XX Monate erfolgt die nachhaltige Produktion des Produktes.
- Nachhaltigkeit gewinnt in der Gesellschaft immer mehr an Bedeutung. Dieser Aspekt soll für den Verkauf des Produktes genutzt werden.

Die Analyse von Chancen für das Unternehmen hat aktuell Folgendes ergeben:

- Auf dem Markt etablieren sich zurzeit unzählige Konkurrenzfirmen!
- Gefahren für das Unternehmen wurden bisher durch das ausgezeichnete Knowhow der Mitarbeiter abgewehrt!
- Der überwiegende Teil der Mitarbeiter ist bereits lange im Unternehmen!

Eine mögliche Strategie wird in der SWOT-Matrix in der 3. Zeile im Feld 2 = „Absichern" vermerkt und könnte z. B. folgende sein:

- Die Fort- und Weiterbildung der Mitarbeiter soll durch ein neues Fortbildungsprogramm intensiviert werden.
- Das Knowhow soll insbesondere bei neuen Mitarbeitern gestärkt werden.

Die Analyse von Gefahren für das Unternehmen hat aktuell Folgendes ergeben:

- Das Unternehmen weist aktuell eine schlechte finanzielle Situation auf.
- Parallel dazu sinkt das Preisniveau auf dem Markt!

Eine mögliche Strategie wird in der SWOT-Matrix in der 3. Zeile im Feld 3 = „Vermeiden" vermerkt und könnte z. B. folgende sein:

- Die Geschäftsleitung wird umgehend Gespräche mit neuen Kapitalgebern aufnehmen!
- Das bisherige Produktsortiment wird analysiert!
- Produkte mit unrentablem Absatz / Ertrag werden aus dem Sortiment gestrichen!

Vor- und Nachteile einer SWOT-Analyse

Wie vermutlich jede Analyseform weist auch die SWOT-Analyse Vor- bzw. Nachteile auf. Als besonders großer Vorteil kann die einfache Umsetzung erwähnt werden. Eine SWOT-Analyse kann auch ohne besondere Analysekenntnisse angefertigt werden. Ein besonders großer Nachteil ist allerdings der hohe Zeitaufwand, der für die Ausarbeitung einer SWOT-Analyse benötigt wird.

Vorteile	Nachteile
• Eine Analyse ist einfach durchführbar und kann daher zügig umgesetzt werden! • Die Darstellung der Ergebnisse kann einfach und übersichtlich erfolgen! • Die Analyse ermöglicht allen Beteiligten einen schnellen Überblick! • Die SWOT-Analyse kann unabhängig von der Größe des Unternehmens durchgeführt werden!	• Eine SWOT-Analyse wird lediglich aus Sicht des Unternehmens durchgeführt. Es fehlen externe Feststellungen! • Die Ergebnisse der SWOT-Analyse sind abhängig von den ausgesuchten Faktoren. • Die Erkenntnisse über Mitbewerber sind nicht immer umfassend! • Die interne Recherche für die Analyse ist sehr umfangreich und zeitintensiv!

Externe strategische Analyse

Mit Abschluss der internen strategischen Analyse, die sich u. a. mit der Bewertung der Kompetenzen von Mitarbeitern, Servicemerkmalen, Produktpotentialen usw. beschäftigt und daraus Erkenntnisse zulässt, kann das Unternehmen von innen zwar gestärkt werden, allerdings ist es nur der **erste Schritt**, um das Unternehmen erfolgreich am Markt zu positionieren. Der notwendige **zweite Schritt**, die **externe strategische Analyse**, beschäftigt sich mit den externen Faktoren, die also von außerhalb auf das Unternehmen einwirken und möglicherweise eine erfolgreiche Präsenz des Unternehmens am Markt verhindern können.

Zu diesen Faktoren können z. B. gehören:

- die Strategien der Mitbewerber am Markt (soweit erkennbar),
- die Qualität der Produkte der Mitbewerber,
- das Investitionsverhalten der Mitbewerber,
- das Kaufverhalten der Verbraucher (z. B. bzgl. der Nachfrage).

Auch für diese sinnvolle Analyse steht Ihnen ein technisches Hilfsmittel zur Verfügung: die **PESTEL-Analyse.** Diese Analyseform ist mittlerweile ein fester Bestandteil der betriebswirtschaftlichen Studiengänge und wird auch als feste Methode für wissenschaftliche Studien herangezogen.

PESTEL-Analyse

Die Bezeichnung PESTEL ist analog der SWOT-Analyse ein Kunstwort, das sich aus den Anfangsbuchstaben von sechs Einflussfaktoren zusammensetzt, die sich alle auf den unternehmerischen Erfolg eines Unternehmens auswirken können:

Political = politischer Einfluss

Die politischen Einflüsse eines Landes sind entscheidende Faktoren, die den unternehmerischen Erfolg eines Unternehmens massiv beeinflussen können. Entscheidende Faktoren sind z. B.:

- die politische Stabilität des Landes,
- die Handhabung von Zöllen und Einfuhrsteuern,

Beispiel: Innerhalb der Europäischen Union fallen weder Zölle noch Einfuhrsteuern im Warenverkehr an, im Rahmen des Warenverkehrs aus der und in die Europäischen Union heraus bzw. hinein dagegen schon.

- von der jeweiligen Regierung geförderte Subventionen (nach Unternehmensbereichen).

Economic = ökonomischer Einfluss

Zu den ökonomischen Einflüssen zählen z. B.:

- die Währungsstabilität,
- das Bruttoinlandsprodukt,
- die Wechselkurse (konstant oder wechselreich),
- die Höhe von Zinssätzen,
- die Verfügbarkeit von Krediten.

Social = soziokultureller Einfluss

Zu den soziokulturellen Einflüssen zählen z. B.:

- der Einfluss von Arbeitnehmervertretungen,
- die demographische Situation in der Bevölkerung,
- der Stand der allgemeinen Bildung,
- der Lebensstil der Bevölkerung.

Technological = technologischer Einfluss
Zu den technologischen Einflüssen zählen z. B.:

- der Zustand der Infrastruktur,
- der Stand der Forschung,
- die Bereitschaft der Regierung für Innovationen,
- der Stand der Digitalisierung.

Ecological = geografischer, ökologischer Einfluss
Zu den geografischen Einflüssen zählen z. B.:

- das Niveau von Recycling bzw. Entsorgung,
- die Umweltverschmutzung,
- die aktuellen Auflagen zum Umweltverhalten,
- die vorhandenen Energie- und Rohstoffquellen.

Legal = rechtlicher Einfluss
Zu den rechtlichen Einflüssen zählen z. B.:

- das Steuerrecht,
- die Regulierung von Werbungen (z. B. Jugendschutz),
- die Unternehmenshaftung für Produkte,
- das Eigentumsrecht.

Das Ergebnis einer PESTEL-Analyse:
Bei genauer Durchführung einer PESTEL-Analyse und unter Berücksichtigung wirtschaftlicher, technologischer, politischer, soziokultureller, ökologischer und rechtlicher Faktoren lässt sich das Ergebnis einer PESTEL-Analyse in zwei Kernaussagen eingrenzen:

- in eine systematische Beschreibung des aktuellen Marktes,
- in eine bewertende Beschreibung des aktuellen Marktes.

Das Ziel einer PESTEL-Analyse:
Arbeitswissenschaftler gehen mittlerweile davon aus, dass ein wirtschaftliches Arbeiten grundsätzlich in einem dynamischen Prozess abläuft. Da auf diesen Prozess eine Vielzahl von inneren und äußeren Einflüssen einwirkt, verändert sich der IST-Zustand am Markt stetig. Daher ist es ratsam, eine PESTEL-Analyse regelmäßig durchzuführen.

Diese Regelmäßigkeit führt dazu, dass ein erfolgreiches Unternehmen niemals die drei wichtigsten strategischen Ziele aus dem Auge verliert:

- die Risiken, Chancen und Herausforderungen des aktuellen Marktes zu beschreiben,

- die Zusammenhänge dieser Faktoren darzustellen,
- die strategische Ausrichtung des Unternehmens darauf anzupassen.

STRATEGIEAUFBAU UND -UMSETZUNG

In den vorherigen Kapiteln haben Sie eine Menge über Analysen erfahren. Dies könnte man als den theoretischen Part für den Aufbau einer erfolgreichen Unternehmensstrategie bezeichnen. Doch auf jede Theorie sollte auch ein **praktischer Part**, eben die **zukünftige Strategie**, folgen. Doch genau an diesem Punkt, dem Entwickeln bzw. Aufbau einer neuen Unternehmensstrategie und deren praktischer Umsetzung, scheitern viele Unternehmen. Mit genauer Planung und klugem Handeln muss dies aber nicht der Fall sein. Doch wie baut man sich eine geeignete Strategie auf und setzt sie danach auch ordentlich um?

Strategieaufbau

Um eine erfolgreiche Strategie aufzubauen, sollten Sie sich mit den folgenden Fragen dringend auseinandersetzen. Sie geben wertvollen Aufschluss über die grundlegenden Werte und Ziele eines Unternehmens. Falls einige der Hauptbegriffe noch definitorisch unklar sein sollten, finden Sie diese ausführlich erläutert unter den Fragen wieder.

1. Wie definiert sich das **Leitbild** des Unternehmens?
2. Welche **Ziele** sollen kurz-, mittel- und langfristig erzielt werden?
3. Welche **Grundwerte** vertritt das Unternehmen?
4. Welche **Vision** des Unternehmens wird in der Strategie dargestellt?

Leitbild

Das Leitbild (auch Unternehmensphilosophie genannt) verdeutlicht einerseits den Sinn und den Zweck der Tätigkeit eines Unternehmens. Andererseits wird durch das Leitbild die unternehmerische Ausrichtung des Unternehmens dargestellt, auf die sich sowohl Mitarbeiter als auch Kunden beziehen können. Im Zentrum steht dabei aber immer die Frage: **„Wofür stehen wir als Unternehmen?"**

Ziele

Die Ziele eines Unternehmens sollten immer als eine Innen- bzw. eine Außenwirkung betrachtet werden. Dies ist insbesondere deshalb wichtig, weil hier ein Automatismus zum Erfolg führen kann. Einfach ausgedrückt: Sind die Mitarbeiter von ihrem Unternehmen begeistert, spüren das auch die Kunden. So kann ein Unternehmen, ohne besonderes Zutun, erfolgreich am Markt agieren.

Bei der **Innenwirkung** (→ *richtet sich an die Mitarbeiter)* sind die zwei wichtigsten Ziele:

- die Motivation der Mitarbeiter stets auf einem hohen Level zu halten,
- durch eine gemeinsame Identität Mitarbeiter dauerhaft im Unternehmen zu halten.

Bei der **Außenwirkung** (→ *richtet sich an die Kunden*) sind die zwei wichtigsten **Ziele**:

- die Darstellung des Unternehmens gegenüber den Kunden,
- die positive Abgrenzung gegenüber den Mitbewerbern.

Grundwerte

Als Grundwerte (auch als Unternehmenswerte bezeichnet) werden **Leitlinien bzw. Leitprinzipien** eines Unternehmens betrachtet. Dazu gehören z. B. die Unternehmenskultur, das Verhalten gegenüber Mitarbeitern und die Entscheidungsbereitschaft im Geschäftsablauf. In der Gesamtheit schaffen offen kommunizierte und sinnvolle Grundwerte für Mitarbeiter und Kunden ein vertrautes, positives Erscheinungsbild und haben dadurch einen direkten Einfluss auf einen erfolgreichen Geschäftsverlauf des Unternehmens.

Vision

Die Vision eines Unternehmens, meistens durch die Unternehmensführung vorgegeben, sollte stets in die **Zukunft** gerichtet sein, ohne klare Ziele, aber mit Vorstellungen für eine erfolgreiche Entwicklung des Unternehmens. Eine Vision sollte immer als positiver Effekt die Begeisterung der Mitarbeiter fördern. Dazu sollten Arbeitsprozesse stets auf diese Vision ausgerichtet sein.

Strategieumsetzung

Eine Unternehmensstrategie zu erarbeiten und daraufhin erfolgreich umzusetzen, kann in einer großen Herausforderung enden. Leider sind dabei Misserfolge nicht auszuschließen. Wissenschaftliche Untersuchungen haben ergeben, dass zwei von drei Strategien bei ihrer Umsetzung scheitern.
Innerhalb der Betriebswirtschaft werden für die erfolgreiche Umsetzung einer Unternehmensstrategie nachfolgend beschriebene Arbeitsschritte empfohlen.

Schritt 1: Die Vision

Am Anfang einer Unternehmensstrategie kann / sollte immer eine **Vision** stehen. Sie beschreibt, was das Unternehmen zukünftig anstrebt, worauf die Mitarbeiter hinarbeiten sollen und welcher Weg bis zum Erreichen des Ziels beschritten werden soll.

Eine Vision sollte im Unternehmen niemals durch eine Einzelperson, sondern immer in einer **Gruppe von leitenden Führungskräften** bestimmt und entwickelt werden. Dabei sollten einige wichtige Fragen bereits geklärt werden, z. B.:

- Was ist unser Beweggrund für eine aktuelle Strategieplanung?
- Welche Unternehmenswerte können wir in die neue Strategie einbringen?
- Sind uns alle Herausforderungen einer neuen Strategieplanung bekannt?
- Mit welchen Produkten / Dienstleistungen wollen wir in der Zukunft am Markt präsent sein?
- Wollen wir uns zum technologisch führenden Unternehmen am Markt entwickeln?
- Soll unsere Strategie in einem Zeitraum von „xx“ Jahren laufen?
- Welches Zwischenziel wollen wir in einem, in drei und in fünf Jahren erreichen?

Die Führungskräfte werden später in der praktischen Umsetzung einer Vision eine besondere Funktion bekleiden, da sie einerseits die Einhaltung des Weges und die Zielerreichung überwachen, andererseits die Mitarbeiter stets auf dem aktuellen Stand der Strategieumsetzung halten sollen.

Schritt 2: Der Strategieplan / Die Mission

Für die Umsetzung einer Strategie ist ein genau definierter und terminisierter Plan zwingend erforderlich. Ohne diesen Leitfaden wird eine Strategie nicht zum Erfolg führen. Oftmals wird ein Umsetzungsplan (v. a. in der Wirtschaft) heute als Mission verstanden.

Eine Mission bezieht sich im Regelfall auf folgende Themenschwerpunkte:

- Kunde,
- Produkt,
- Leistung,
- Einzigartigkeit.

Diese Schwerpunkte miteinander bewertet, sollte eigentlich den Sinn der Notwendigkeit des Unternehmens für Kunden widerspiegeln.

Ein einfaches Beispiel verdeutlicht dies recht einfach:

Die erste Landung auf dem Mond wurde stets als „die Mission zum Mond" bezeichnet. Im Grunde war diese Mission aber nichts anderes als das Ergebnis einer Vision, die Jahrzehnte vorher ihren Anfang mit einem Forschungsplan (Strategieplan) nahm.

Der Strategieplan sollte sämtliche Maßnahmen enthalten, verbunden mit einem festgelegten Zeitplan, in dem Teilabschnitte oder Teilziele genauestens terminiert sind.

Schritt 3: Die Verteilung der Rollen

Neben der Festlegung eines Zeitplanes müssen zunächst die verantwortlichen Führungskräfte ausgewählt werden, denen genau definierte Verantwortlichkeiten übertragen werden. So schlüpfen diese Personen in wichtige Rollen dieser Mission. Schlussendlich kann eine Strategie nur dann erfolgreich umgesetzt werden, wenn alle Beteiligten genau wissen, was sie persönlich umzusetzen haben, worauf sie besonders achten müssen und welche Mitarbeiter innerhalb der Rollenverteilung am Prozess beteiligt werden (teilweise oder gesamt).

Zum Schluss der Rollenverteilung wird der Hauptverantwortliche (Leader) der Strategie bestimmt. Der Leader übernimmt nicht nur die Führung während der Mission, er achtet auch auf die Einhaltung der im Vorfeld festgelegten Teilziele bzw. Teiltermine.

Schritt 4: Die Aufgabenverteilung /RACI-Matrix

Mit Abschluss der Rollenverteilung müssen sowohl die Zuständigkeiten als auch die detaillierten Inhalte der Zuständigkeit bestimmt werden. In der Betriebswirtschaft spricht man heute von Führungskräften und Mitarbeitern mit den unten aufgeführten Zuständigkeiten. Die Anfangsbuchstaben dieser Zuständigkeiten ergeben zusammen das Kunstwort RACI. Dieses Kunstwort ist der Überbegriff für eine Matrix, in der sämtliche Aufgaben der Strategie erfasst und einem der Verantwortlichen namentlich zugeordnet werden. Aus dieser Matrix kann jeder Mitarbeiter im Prozess zu jeder Zeit den aktuellen Stand, den Fortschritt des Prozesses einsehen.

• **R**esponsible = Verantwortung
Hauptverantwortlich ausschließlich für <u>eine</u> einzige, festgelegte Aufgabe innerhalb der Strategieumsetzung.

• **A**ccountable = Rechenschaft
Beaufsichtigung der termingerechten Erledigung von Projektaufgaben.

• **C**onsultet = konsultiert
Überprüft die gesamte Arbeit bzw. deren festgelegte Teilschritte, nimmt diese als erledigt ab und gibt die Fortsetzung der Arbeit frei bzw. meldet den Abschluss der Arbeit.

• **I**nformed = Information
Informiert alle Beteiligten regelmäßig über den Stand des Prozesses, dessen Fortschritte oder bereits erfolgte Erledigungen.

Schritt 5: Die Bereitstellung von Hilfsmitteln / Ressourcen

Den richtigen Mitarbeitern die passenden Aufgaben zuzuordnen ist nur ein kleiner Teil der Umsetzung einer Strategie. Der zweite Teil betrifft die Hilfsmittel (Ressourcen), die diesen Mitarbeitern zur Verfügung gestellt werden müssen. Dazu gehören z. B. neu anzuschaffende Gerätschaften, moderne IT-Geräte, aber auch benötigte Finanzmittel. Erstellen Sie dazu gegebenenfalls eine Inventarliste, auf der sowohl die materiellen (z. B. Schreibwaren) als auch die nicht-materiellen Ressourcen (z. B. Software) aufgelistet sind. Fehlende Hilfsmittel oder Ressourcen können so leicht identifiziert und ergänzt werden.

Schritt 6: Der aktuelle Informationsstand

Da in der Umsetzung einer Unternehmensstrategie eine Vielzahl von Mitarbeitern mitwirkt, liegt die besondere Herausforderung des Hauptverantwortlichen darin, alle Beteiligten auf dem aktuellen Entwicklungsstand der Strategie zu halten. Das lässt sich nicht mehr damit erledigen, jeden Mitarbeiter einzeln darüber aufzuklären. Die altbewährte Informationstafel am Eingang eines Unternehmens ist dafür mittlerweile das ungeeignetste Mittel. Informationen müssen schnell und stetig abrufbar sein. Hierfür bietet sich eine **IT-Plattform** an, die ausschließlich vom Hauptverantwortlichen gepflegt wird, allen Mitarbeitern zur Verfügung steht und auf der alle untereinander kommunizieren können. So können alle Mitarbeiter, Führungskräfte und die Unternehmensleitung stets auf den aktuellen Entwicklungsstand zugreifen.

Schritt 7: Die Strategie umsetzen

Es ist alles vorbereitet! Der Strategieplan steht, die Rollen sind verteilt, die notwendigen Hilfsmittel stehen zur Verfügung, alle Mitarbeiter besitzen den gleichen Informationsstand.

Schritt 8: Die Unterstützung bei Schwierigkeiten / Problemen

Dieser Schritt ist von besonderer Bedeutung. Auf seinem Führungsplatz zu verharren und daran zu glauben, dass die Mitarbeiter ihre aufkommenden Schwierigkeiten bzw. Probleme selbst lösen, ist ein Relikt alter Unternehmenszeiten. Heute gilt für den Leader, jederzeit für **unterstützende Maßnahmen** zur Verfügung zu stehen, aufkommende Fragen umgehend zu beantworten und seinen Mitarbeitern jederzeit Unterstützung anzubieten. Ganz nebenbei nehmen Mitarbeiter ein derartiges Verhalten ihres Leaders positiv auf. Es **motiviert** und ermutigt beim weiteren Strategieablauf.

Schritt 9: Die erreichten bzw. nicht erreichten Teilziele reflektieren

Dass ein möglichst aktueller Informationsstand der Mitarbeiter für die Umsetzung des Strategieplans wichtig ist, wurde bereits beschrieben. Eine Steigerung hierzu wären **regelmäßige Feedbacks** bei der Erledigung, aber auch beim Scheitern von wichtigen Teilzielen im Prozess.

Hier kann ebenfalls die bereits erwähnte IT-Plattform hilfreich sein. Wichtig dabei ist aber, dass sowohl Erfolg als auch Scheitern ohne ein Werturteil behandelt werden. Ein Scheitern ist erst einmal nichts Negatives, wenn die Fehler ehrlich bewertet werden und Rückschlüsse daraus gezogen werden, die bei einem zweiten Anlauf ein positives Ende finden. Erfolge sind zwangsläufig einfacher zu präsentieren.

Fehler bei der Strategieumsetzung und deren Vermeidung

Keine Umsetzung einer neuen Unternehmensstrategie ist frei von Fehlern. Es kommt lediglich darauf an, wie die Unternehmensführung darauf **reagiert** und welche **Maßnahmen** ergriffen werden. **Nachfolgend die häufigsten Fehler:**

• Die Ziele im Strategieplan sind nicht genau definiert oder stellen sich im Nachhinein als unsinnig heraus.

• **Lösungsansatz:** Ein sofortiger Strategiecheck mit dem Ziel einer angepassten Neuausrichtung dieser Strategie.

• Der Strategieplan wird trotz festgestellter Probleme strikt nach Vorgabe weiter umgesetzt.

• **Lösungsansatz:** Umgehend Problemlösungen erarbeiten und nach Abstimmung mit der Unternehmensführung in die Strategieumsetzung einarbeiten.

• Der Informationsfluss unter den Beteiligten der Strategieumsetzung ist unzureichend. Der Plan wird über mehrere Kanäle kommuniziert.

• **Lösungsansatz:** Sofort ein Informationstool einrichten, auf den aktuellen Stand bringen und umgehend den Mitarbeitern zur Verfügung stellen. Bis dieses Tool von allen genutzt wird, ist der Leader gefordert. Er sollte so lange die Kommunikation unter und zwischen den Mitarbeitern einfordern, bis alle das Tool als zwingendes Medium für den erfolgreichen Strategieverlauf akzeptieren.

• Sowohl die Ziele als auch der gesamte Prozess sind zwar verkündet, aber die Umsetzung bzw. Ausrichtung der Vorgaben werden durch die Mitarbeiter unterschiedlich interpretiert. Das führt unweigerlich zu Problemen in der Zusammenarbeit der Mitarbeiter bzw. der Teams. Die im Vorfeld vorgestellten Prioritäten und die strategischen Ziele werden zur Nebensache in der Strategieumsetzung.

• **Lösungsansatz:** Es muss sofort durch den Leader entsprechend gegengesteuert werden. Jetzt ist er gefordert, nochmals alle Beteiligten auf den Strategiekurs einzuschwören und darauf hinzuweisen, welches Ziel angestrebt wird. Es macht in dieser Situation Sinn, nochmals auf die Einzelschritte innerhalb der Strategie hinzuweisen und insbesondere darauf hinzuweisen, dass nur Teamarbeit es schafft, dieses Ziel zu erreichen. Jetzt ist der Leader nicht nur als Moderator, sondern auch als Motivator gefordert!

• Der aktuelle Fortschritt der Strategieumsetzung und das Erreichen von Zwischenzielen werden durch separate, teils unübersichtliche Tabellen mitgeteilt. Vermutlich werden nicht alle Mitarbeiter diese Informationen zur Kenntnis nehmen.

• **Lösungsansatz:** Im bereits erwähnten Info-Tool bekommt jedes beteiligte Team einen eigenverantwortlichen Part, der zu festgelegten Terminen gepflegt bzw. aktualisiert werden muss. Alle anderen Teams können so stets auf aktuelle Informationen zurückgreifen. Die Einhaltung dieser Aufgabe wird vom Leader überprüft.

SMART-Regel

Bisher wurden immer wieder die Begriffe Zielvereinbarung und Ziel als entscheidende Aspekte einer erfolgreichen Strategie herangezogen.

Doch wie definieren sich eigentlich Ziele und Zielvereinbarungen?

Mit diesen Fragen haben sich Arbeitswissenschaftler in den vergangenen Jahren durch umfangreiche Forschungen beschäftigt und Antworten gefunden. Sie erarbeiteten eine Theorie, die heutzutage zur Grundlage aller Zielvereinbarungen bzw. Ziele werden sollte:

Die SMART-Regel

Die Arbeitswissenschaftler haben in unzähligen Untersuchungen festgestellt, dass Zielvereinbarungen / Ziele häufig daran scheiterten, weil die **Formulierungen** nur **oberflächlich** und **nicht detailliert** erfolgten. So war ein immer wieder definiertes, gleichzeitig aber auch schwammig formuliertes Ziel z. B.:

„**Wir wollen** im nächsten Jahr den **Firmenumsatz deutlich steigern**!"

Bei diesem formulierten Ziel stellen sich für die Arbeitswissenschaftler sofort vier wichtige Fragen, alle beginnend mit einem sogenannten „W-Wort":

- **W**er ist mit „Wir" gemeint?
- **W**as wird unter „deutlich" verstanden?
- **W**o steht der Firmenumsatz heute?
- **W**ie sehen die Maßnahmen für „wollen" aus?

Allein in diesen vier Fragen stecken bereits weitere Fragen, die ebenfalls alle mit einem „W-Wort" beginnen und deren Antworten insbesondere zu einem späteren Zeitpunkt im Prozessablauf wichtig werden können, z. B.:

- Welche Entscheidungsträger waren an der Zielvorgabe einer Umsatzsteigerung des Unternehmens beteiligt?
- Wurde vorgegeben, nach festgelegten Zeitabständen zu prüfen, ob bereits eine Umsatzsteigerung erkennbar ist?
- Wurden erkennbare Umsatzsteigerungen mit einer normalen oder einer gesteigerten Arbeitsleistung erzielt?
- Wären diese Umsatzsteigerungen mit klareren, detaillierteren Maßnahmen weitaus positiver ausgefallen?

Sie können an diesen Fragen erkennen, dass ein schwammig formuliertes Ziel innerhalb eines durchlaufenden Prozesses eher zu einem Misserfolg führen wird. Genau deshalb entwickelten die Arbeitswissenschaften eine Regel, bestehend aus fünf Kriterien, mit denen das Ziel einer Zielvereinbarung nicht nur konkret vorgegeben wird, sondern auch erreicht werden kann. Die **Anfangsbuchstaben** dieser fünf Kriterien gaben dieser Regel ihren Namen: **die SMART-Regel!**

Die fünf Kriterien von SMART sind:
S = spezifisch
M = messbar
A = akzeptiert
R = realistisch
T = terminiert

Als erfolgreiche Führungskraft sollten Sie die Kriterien von SMART nicht nur kennen, sondern auch **innerhalb Ihrer Führungsaufgabe** darauf zurückgreifen. SMART gilt mittlerweile als Standard-Werkzeug einer erfolgreichen Mitarbeiterführung.

SMART sollte für alle vereinbarten Ziele in Arbeitsprozessen gültig sein und grundsätzlich **alle Kriterien des Akronyms** erfüllen:

Spezifisch

Ziele sollten grundsätzlich so **genau wie möglich** definiert werden. Die Zielsetzung „... den Firmenumsatz deutlich steigern" sagt vom Grundsatz her nichts aus. Spezifischer wäre z. B. „Eine Steigerung des Firmenumsatzes in Höhe von drei Prozent". Dieses Ziel ist klar und messbar, also spezifisch.

messbar

Ziele können grundsätzlich nur sinnvoll sein, wenn sie **messbar sind und ggf. kontrollierbar** sind, am besten von dritten Personen. Die Schwierigkeit sinnvoller Ziele liegt in ihrer Wertigkeit. Bei **einer „harten" Zielvorgabe**, z. B. bzgl. des Umsatzes, des Ertrages und der Rendite eines Unternehmens, wird es keine Schwierigkeiten geben. Diese Zielvorgaben sind mit den Zahlen des Vorjahres problemlos zu vergleichen und auch nur begrenzt interpretierbar.

Anders verhält es sich mit den **„weichen" Zielvorgaben**. Dazu zählen z. B. Verbesserungen in internen Abläufen. Eine klassische Zielvorgabe ist die „Verbesserung der Kommunikation intern". Auf den ersten Blick ist es kaum möglich, für diese Zielerreichung eine Bewertung abzugeben. Daher „mutieren" derartige Zielvorgaben mehr oder weniger in Wünsche und werden in internen Kurzmitteilungen an alle Abteilungen versendet. Geht man allerdings weiter in die Tiefe, lassen sich auch solche Wünsche z. B. über eine Messung der Anzahl durchgeführter Mitarbeitergespräche, die Häufigkeit von Teambesprechungen oder die zeitliche Differenz zwischen Mail-Anfrage und Mail-Antwort in Zielvorgaben ändern.

akzeptiert

Dieses Kriterium soll die Einstellung des Mitarbeiters beschreiben. Nur wenn ein Mitarbeiter das vorgegebene Ziel akzeptiert, vielleicht auch attraktiv findet und hinter der Zielerreichung steht, funktioniert eine motivierende Mitarbeiterführung.

Um dies zu erreichen, müssen folgende Umstände greifen:

1. Die vereinbarten Ziele sollten vom Mitarbeiter akzeptiert werden. Sie, als Führungskraft, stehen hinter den Zielen. So kann er sie akzeptieren.

2. Ziele sollten grundsätzlich positiv formuliert werden. Eine negative Formulierung wäre z. B.: „Dies sollte unbedingt vermieden werden!" oder „Lassen sie bloß die Finger davon. Das ist nicht zielführend!"

realistisch

Ziele sollten niemals unrealistisch sein. Das würde bereits zu Beginn die Zielerreichung untergraben, da der Mitarbeiter von vornherein weiß, dass er dieses Ziel nicht erreicht. Es wäre als Führungskraft auch töricht, zu glauben, die Leistung und den Willen eines Mitarbeiters mit hohen Zielen zu reizen. Eher das Gegenteil wird eintreten.

Der Mitarbeiter ist, ob des Gefühls des Versagens, äußerst demotiviert. Eine sehr schlechte berufliche Beziehung zwischen Führungskraft und Mitarbeiter! Beachten Sie daher genau die Reaktion Ihres Mitarbeiters bei der Zielfestlegung und verabschieden Sie gemeinsam nur realistische Ziele.

terminiert

Ziele müssen grundsätzlich mit einem Fixtermin verbunden sein. Ansonsten wird Ihr Mitarbeiter in einer Laissez-Faire-Mentalität an diese Aufgabe herangehen. Das bedeutet nicht unbedingt, dass er keine Leistung an den Tag legt – aber eben mit reduziertem Elan. Im schlechtesten Fall scheitern der Prozess und damit die Zielvereinbarung.

Bei diesem Kriterium unterscheidet man **drei Varianten** einer Zielsetzung, wobei die betreffenden Adjektive für eine **feststehende Zeitspanne** stehen:

1. Die taktische Zielsetzung (Zeitspanne = 1 Jahr)
2. Die operative Zielsetzung (Zeitspanne = 1 bis 3 Jahre)
3. Die strategische Zielsetzung (Zeitspanne = ab 3 Jahren)

Bei Zielvereinbarungen ist es nicht ungewöhnlich, dass diese über einen längeren Zeitraum als bis zum nächsten jährlichen Gespräch laufen, insbesondere bei Unternehmen, die sich in einem organisatorischen Wandel, z. B. die Übernahme durch ein anderes Unternehmen, befinden.

Im IT-Bereich ist dies eine durchaus gängige Situation. Bei den Zielsetzungen größer ein Jahr ist das endgültige Ziel zwar definiert, allerdings angepasst auf eine jährliche Zielerreichung. Das bedeutet, dass bei Aufnahme von Zielvereinbarungsgesprächen bereits Ziele vorgegeben sind, die allerdings auf ihre Wertigkeit überprüft und ggf. angepasst werden müssen.

Portfolioanalyse

Was bedeutet der Ausdruck Portfolio?

Mit dem Begriff Portfolio wird in der Wirtschaft das gesamte Angebot an Produkten, Dienst- und **Serviceleistungen** eines Unternehmens bezeichnet, also genau die Produkte, die im Regelfall für eine strategische Neuausrichtung eines Unternehmens besonders wichtig sind.

Diese Produkte müssen sich allerdings einer gründlichen Analyse unterziehen. Die **Portfolioanalyse** ist dafür eine weitere wichtige Methode innerhalb der strategischen Unternehmensplanung. Mit der Portfolioanalyse werden die Faktoren „relativer Marktanteil“ und „Marktwachstum“ der Produkte eines Unternehmens in der aktuellen Situation strategisch untersucht. Das **Ziel** soll dabei sein, ein optimales, auf das Unternehmen ausgerichtetes Paket an Produkten zu ermitteln, auf dessen Basis die neue Unternehmensstrategie ausgerichtet wird.

Zur visuellen Unterstützung dieser Analyseform wurde zu Beginn der 1970er Jahre durch die US-amerikanische Unternehmensberatung „Boston

Consulting Group" eine Matrix entwickelt, die noch heute ihre betriebswirtschaftliche Anwendung findet, das BCG-Portfolio, häufig auch als **„Vier-Felder-Matrix"** bezeichnet. Diese Matrix soll zwei Faktoren sichtbar machen:

- Welche aktuellen Märkte können für einen mittelfristigen Zeitraum als attraktiv bezeichnet werden?
- Besitzt das Unternehmen die passenden Produkte für diese attraktiven Märkte?

BCG-Portfolio (Vier-Felder-Matrix)

Das BCG-Portfolio bildet ein Koordinatensystem, bestehend aus zwei Achsen und vier dazwischenliegenden quadratischen Feldern. Die sogenannte „x-Achse" liegt unterhalb der Quadrate und soll den relativen Marktanteil eines Produktes ausweisen. Die Achse startet links mit dem Faktor „0" und endet rechts mit dem Faktor „2".

Der relative Marktanteil eines Unternehmens beschreibt den Erfolgsgrad beim Kunden gegenüber gleichen oder ähnlichen Produkten der Mitbewerber!

Der relative Marktanteil lässt sich sehr einfach durch folgende Formel berechnen. Nachfolgend ein Beispiel:

Marktanteile eigenes Unternehmen/Marktanteil stärkster Mitbewerber
= relativer Marktanteil

Die sogenannte „y-Achse" befindet sich links von den Quadraten und soll das Marktwachstum darstellen. Diese Achse beschreibt das Wachstum in Prozenten, in der Regel zwischen 0 % und 10 %.

Das **Wachstum** beschreibt die Kaufentwicklung eines Produktes innerhalb eines festgelegten Zeitraums!

Das Marktwachstum lässt sich sehr einfach berechnen. Nachfolgend ein Beispiel:

- Marktwachstum letztes Jahr = 2.000.000 Euro
- Marktwachstum aktuelles Jahr = 2.200.000 Euro
- Differenz = + 200.000 Euro, entspricht 10 % (20.000 Euro = 10 % von 200.000 Euro)

Die zwischen den Achsen liegenden Quadrate sind folgendermaßen tituliert:

- **Question Marks** (oben links) = optisch dargestellt als Fragezeichen
- **Stars** (oben rechts) = optisch dargestellt als Stern
- **Poor Dogs** (unten links) = optisch dargestellt als Hund
- **Cash Cows** (unten rechts) = optisch dargestellt als Kuh

Warum diese merkwürdigen englischen Bezeichnungen und deren optische Darstellungen? Dies stammt noch aus der Entwicklungsphase der 1970er Jahre durch die „Boston Consulting Group" und wurde bis heute nicht verändert. Die Darstellungen und Bezeichnungen werden aber in den folgenden Erläuterungen etwas verständlicher.

Question Marks (oben links) = optisch dargestellt als Fragezeichen

Kurzform:
Geringer relativer Marktanteil / hohes Marktwachstum möglich!

In diesem Feld werden in der Regel noch frische Produkte eines Unternehmens mit einem noch geringen Marktanteil bewertet. Der Markt zeigt aber eine positive Entwicklung und wird aller Voraussicht nach weiter kontinuierlich wachsen. Das Fragezeichen steht deshalb dafür, dass man nicht vorhersehen kann, ob sich dieses Produkt und vor allem der Markt positiv entwickeln.

Die Unternehmensführung sollte für eine geplante Strategiemaßnahme sehr genau abwägen, ob sich eine weitere Investition in dieses Produkt lohnt und der Marktanteil dadurch perspektivisch gesteigert wird oder ob eher mit Verlusten zu rechnen ist. Bei Letzterem sollte auf keinen Fall weiter investiert werden.

Stars (oben rechts) = optisch dargestellt als Stern

Kurzform:
Hoher relativer Marktanteil / hohes Marktwachstum!

In diesem Feld werden die Spitzenprodukte eines Unternehmens bewertet. Sie weisen am Markt nicht nur einen hohen Marktanteil aus, sondern werden sich zukünftig mit ziemlicher Sicherheit weiter positiv entwickeln.

Die Unternehmensführung sollte bei diesen Produkten weiter investieren, damit ihre Rentabilität weiter gesteigert wird. Durch ihren Gewinn finanzieren sich diese Produkte zukünftig selbst.

Poor Dogs (unten links) = optisch dargestellt als Hund

Kurzform:
Niedriger relativer Marktanteil / niedriges Marktwachstum!

Wie die Bezeichnung bereits vermuten lässt, werden in diesem Feld die Produkte bewertet, die zukünftig absehbar keine Erfolge mehr vorweisen werden. Ihr Marktanteil ist gering und die Zukunftsaussichten des Marktes sind mehr als gering.

Die Unternehmensführung sollte diese Produkte schnellstmöglich vom Markt nehmen und auf keinen Fall weitere Investitionen vornehmen. So können eintretende Verluste vermieden werden.

Cash Cows (unten rechts) = optisch dargestellt als Kuh

Kurzform:
Ausgeglichener relativer Marktanteil / niedriges Marktwachstum!

In diesem Feld werden die Produkte bewertet, die zwar aktuell einen hohen Marktanteil vorweisen, langfristig aber nur noch ein geringes Wachstum vorweisen werden.

Die Unternehmensführung sollte bei diesen Produkten eine alte kaufmännische Weisheit anwenden: „Verkaufen, solange noch Geld verdient werden kann." Investitionen sollten nur noch in geringem Umfang getätigt werden, solange noch Gewinn erzielt werden kann.

Die einzelnen Produkte werden innerhalb der Matrix in den Feldern unterschiedlich als **Kreis** oder **Kreuz** markiert.

Beispiel: Zum Produkt „XY" wird Folgendes analysiert. Dabei wird das Marktwachstum als hoch (8 %), der relative Marktanteil eher als niedrig (Faktor 0,6) bewertet. Dieses Produkt wird nun im Feld Question Marks (oben links) auf der Schnittstelle beider Achsen als Kreis oder Kreuz gekennzeichnet.

HINWEIS:
Arbeitswissenschaftler und Betriebswirte gehen heutzutage davon aus, dass ein Produkt einem immer gleichen Vertriebszyklus folgt und dabei sämtliche Felder des BCG-Portfolio durchläuft:

Von Question Marks über Stars und Cash Cows zu Poor Dogs.

WETTBEWERBSVORTEIL

Die Betriebswirtschaftslehre nutzt den Begriff Wettbewerbsvorteil immer dann, wenn der Vorsprung eines Unternehmens gegenüber den Mitbewerbern wirtschaftlich deutlich erkennbar ist. Innerhalb des Wettbewerbsvorteils unterscheidet man in **Anbieter-** bzw. **Kundenvorteile.**

Der **Anbietervorteil** lässt sich z. B. in der Qualität des Produktes bzw. der Dienstleistung oder in der Einzigartigkeit des Produktes erkennen. Letzteres trifft immer dann zu, wenn das Unternehmen sein Produkt patentiert hat. Zum Bereich **Kundenvorteil** zählen z. B. das Image des Produktes und der ausgezeichnete Service gegenüber dem Kunden.

Ein **Wettbewerbsvorteil** sollte für ein Unternehmen grundsätzlich angestrebt werden. Nur damit lassen sich langfristig wichtige unternehmerische Ziele erreichen, z. B.:

- eine kontinuierliche Neukundengewinnung,
- eine dauerhafte Kundenbindung,
- ein deutlicher Vorteil gegenüber den Mitbewerbern,
- ein langfristiger Unternehmensgewinn.

Erreichen eines Wettbewerbsvorteils

Wettbewerbsvorteile gegenüber den Mitbewerbern lassen sich grundsätzlich nur durch ein strategisches Handeln und daraus resultierend einer zielführenden Strategie erzielen.

Dafür sollten im **ersten Schritt** sämtliche Faktoren, die bisher angesprochen wurden, umgesetzt werden, u. a.:

- die Marktanalyse, gekoppelt mit der Wettbewerbsanalyse;
- die Analyse zur Positionierung des Unternehmens am Markt;
- die Analyse von Stärken bzw. Schwächen des Marktes und des Produktes.

Im **zweiten Schritt** sollte durch das Unternehmen die Strategie festgelegt werden, mit der das Unternehmen den Wettbewerbsvorteil erzielen kann. In diese Strategie können z. B. sachliche Elemente eingebunden werden. Dazu zählen u. a.:

- die Qualität des Services,
- die Berücksichtigung von individuellen Kundenwünschen,
- die Flexibilität innerhalb der Preisgestaltung,
- die Vermeidung von Vergleichsmöglichkeiten zu Produkten der Mitbewerber.

Im **dritten Schritt** sollte das Unternehmen prüfen, ob durch rechtliche Möglichkeiten das Produkt gesichert werden kann, z. B.:

- durch eine Patentierung des Produktes,
- durch einen Markenschutz,
- durch einen Designschutz.

PERSONALMANAGEMENT

Sie haben nun eine Vielzahl an Informationen erhalten, aus denen Sie erkennen können, dass eine erfolgreiche Unternehmensstrategie nur durch Einbindung wichtiger Faktoren, z. B. Unternehmensführung, Führungsrollen sowie Management-, Analyse- und Strategieformen, gelingt. Der wichtigste Faktor wurde allerdings bisher noch nicht weiter beschrieben:

Das / Ihr Personal.

Gut ausgebildete Mitarbeiter waren schon in der Vergangenheit knapp und werden heute (z. B. aufgrund des demografischen Wandels) noch knapper. Viele ältere, hoch qualifizierte Mitarbeiter gehen in den nächsten Jahren vermehrt in den Ruhestand und junge Angestellte rücken nicht im gleichen Verhältnis nach. Deshalb gewinnt ein **qualifiziertes Personalmanagement** innerhalb eines Unternehmens immer mehr an Bedeutung.

Durch das Personalmanagement werden alle Maßnahmen und Strategien zum Thema Personal im Unternehmen gebündelt. Die Aufgabe des Personalmanagements liegt einzig darin, durch verschiedene Tätigkeitsfelder die erfolgreiche Entwicklung eines Unternehmens zu fördern. Das Personalmanagement gilt heute als eine Kernfunktion eines Unternehmens, erkennbar daran, dass die Abteilungsleitung im Regelfall Mitglied der Geschäftsführung ist.

HINWEIS:

Personalmanagement wird heute häufig mit dem Begriff **Personalabteilung** gleichgesetzt. Das ist grundsätzlich falsch. Die Personalabteilung kümmert sich um die sozialen Belange des Personals, z. B. Lohn-/Gehaltsabrechnungen, Steuer- und Sozialangelegenheiten usw.

Das **Personalmanagement** ist allerdings **nicht Aufgabe der Personalabteilung**. Sie kann allerhöchstens unterstützend zuarbeiten.

Das Personalmanagement muss von **sämtlichen Führungsverantwortlichen** übernommen werden. Sie sind verantwortlich für die Gestaltung und Durchführung von Unternehmensstrategien und für das funktionierende, gemeinsame Arbeiten der Mitarbeiter.

Bei der Gestaltung und einer erfolgreich umgesetzten Strategie müssen die Führungskräfte fünf Bereiche berücksichtigen und managen:

1. die beschlossene Unternehmensstrategie und Zielvorgabe,
2. die organisatorische Planung der Unternehmensstrategie,
3. die Schulung und Weiterentwicklung des Personals,
4. die Personalführung im laufenden Prozess,
5. die Steuerung des Personals im laufenden Prozess.

Marketing und Vertrieb

Sowohl der Begriff **Marketing** als auch der Begriff **Vertrieb** sind zwei Begriffe, die für die meisten Menschen klar erscheinen, jedoch im Regelfall falsch interpretiert werden. Während bei dem Begriff Marketing die meisten Menschen Werbung suggerieren, stellen sie sich beim Begriff Vertrieb den Handelsreisenden vor, der von Geschäft zu Geschäft für Verkaufsgespräche fährt. Beides ist falsch! Doch was bedeuten diese Begriffe denn eigentlich?

Marketing

Dieser Begriff ist gleichzusetzen mit einem **Konzept**, mit dem die **Produkte oder Dienstleistungen** des Unternehmens **kundennah** und **serviceorientiert** am Markt präsentiert werden. Ziel soll dabei sein, den Verkauf und somit den Umsatz des Unternehmens zu steigern.

Vertrieb

Mit diesem Begriff wird der Bereich **Planung** und die **Zurverfügungstellung** der **Produkte oder Dienstleistungen** des Unternehmens bezeichnet. Die Schnittstelle zum Vertrieb liegt ausschließlich darin, Bedingungen bzw. Erfordernisse zu schaffen, dass die Produkte und Dienstleistungen des Unternehmens im Markt **verfügbar** sind.

Markt- und Zielgruppenanalyse

Sowohl die Marktanalyse als auch die Zielgruppenanalyse zählen beide zu den besonders wichtigen Analyseformen eines Unternehmens. Erfolgreiche Unternehmen analysieren ständig den **Markt** und die **Zielgruppen.** Nur so kann auf Veränderungen des Marktes schnell reagiert werden bzw. neue Produkte gezielt am Markt angeboten werden. Um beides erfolgreich umzusetzen, sollten aber im Vorfeld einige Faktoren genauestens geprüft und die Fragen dazu beantwortet werden, z. B. folgende:

- Welche Kaufkraft weist der Markt auf? Welche Strukturen lenken den Markt? Welche Einflüsse wirken auf den Markt?
- Welche Trends sind im Markt erkennbar?
- Welche Konkurrenz-Unternehmen tummeln sich am Markt?
- Welches Marktwachstum ist aus den letzten Jahren erkennbar?
- Bietet der Markt ausreichend Potenzial für neue Produkte?
- Liegen besondere Barrieren für den Markt vor?
- Wie sind die aktuellen Marktanteile unter den Anbietern verteilt?

Marktanalyse

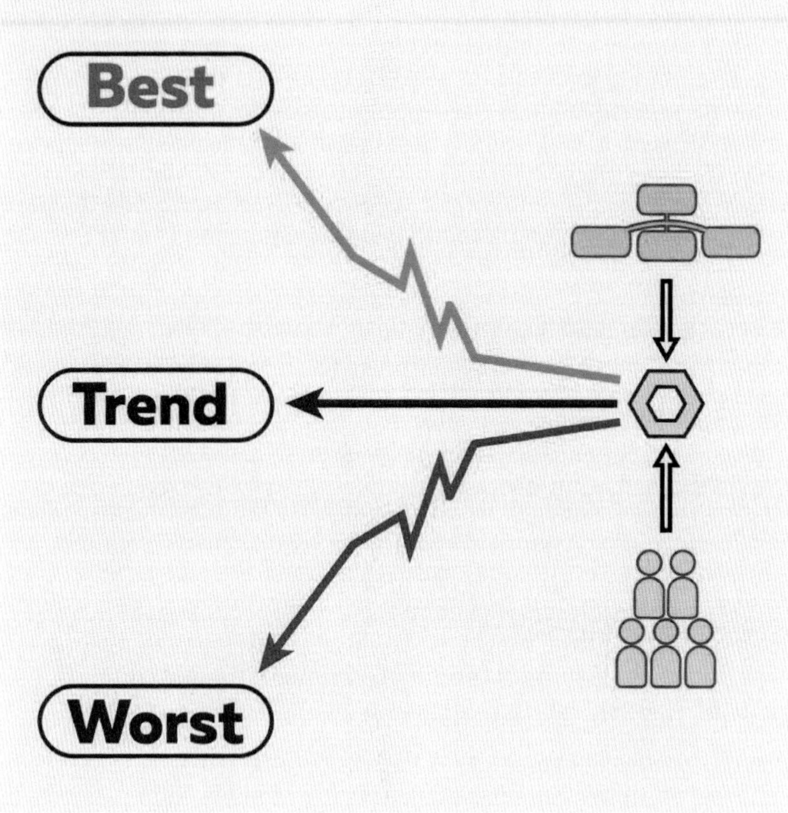

Wie lässt sich aber eine qualitative Marktanalyse durchführen bzw. wie kommt ein Unternehmen an aktuelle Marktdaten? Zwei Möglichkeiten stehen Ihnen dabei zur Verfügung:

1. Eigens durchgeführte Recherche
Diese Form einer Recherche kann sehr umfangreich sein, einen hohen Zeitaufwand zufolge haben und ggf. kein hundertprozentig genaues Ergebnis bringen. Trotz dieser „Probleme" gehören Marktanalysen zu den wichtigsten, regelmäßigen Maßnahmen erfolgreicher Unternehmen.

Beispiele eigener Recherchen:

- Abfrage eines Fragenkatalogs bei potenziellen Kunden über E-Mail
Nachteil: zeitintensive Suche nach E-Mail-Adressen

- Beauftragung eines externen Unternehmens, um einen Fragenkatalog abzuarbeiten
Nachteil: es fallen zusätzliche Kosten an

- Persönliche Besuche bei den potenziellen Kunden, um einen Fragenkatalog abzuarbeiten
Nachteil: sehr zeitintensiv

2. Vorhandene Statistikzahlen nutzen (sehr vorteilhaft)
Hierbei handelt es sich im Regelfall um **verlässliche Marktdaten**, die durch Unternehmensverbände regelmäßig erhoben werden.

Zu diesen Verbänden gehören z. B.:

- die Industrie- und Handelskammern (IHK),
- die Handwerkskammern,
- ggf. Forschungsinstitute,
- ggf. Finanzinstitute.

Zielgruppenanalyse

Aus einer Zielgruppenanalyse lassen sich Erkenntnisse zu den Kaufgründen bzw. dem Kaufverhalten der Kunden ermitteln. Aus dieser Analyse richtig umgesetzte Maßnahmen sorgen für einen langfristigen Erfolg am Markt!

Zu den wichtigsten Analysefeldern bei der Zielgruppenanalyse gehören z. B.:

- der Preis des Produktes / der Dienstleistung,
- das Design des Produktes,
- die Funktionalität des Produktes,
- die Qualität der Dienstleistung,
- die Zeit bei Lösungen von Problemen.

Eine Zielgruppenanalyse ist etwas zeitaufwändiger als eine Marktanalyse. Auch diese Analyse kann mit eigenen Recherchen durchgeführt werden. Aber auch externe Daten können Ihnen für diese Analyse wichtige Informationen liefern. Einfacher und nicht mindernd aussagefähig kommen Sie über bestimmte Tools im Internet zu Ergebnissen.

Das bekannteste Tool ist dabei Google Trends:

- Google Trends sammelt die Häufigkeit des Aufrufs von Suchbegriffen durch die Nutzer der Suchmaschine Google. Die Ergebnisse werden im Verhältnis zum gesamten Suchaufkommen berechnet und wöchentlich veröffentlicht.

Aber auch Studien der **regionalen Verbraucherzentralen** oder von unabhängigen **Verbraucherorganisationen**, z. B. Stiftung Warentest, können aussagekräftige Ergebnisse liefern.

Wettbewerbs-/Konkurrenzanalyse

Diese beiden Analyseformen helfen bei einer geplanten Unternehmensstrategie, bereits vor dem Start einen Überblick über die **„Ist-Situation"**, also die aktuelle Lage, am Markt zu erhalten. Es ist grundsätzlich von Vorteil, die Stärken und Schwächen der Mitbewerber in der eigenen Strategie zu berücksichtigen. Eine Wettbewerbs-/Konkurrenzanalyse lässt sich am besten in **vier Schritten** durchführen.

Schritt 1: Wettbewerber/Konkurrenz erkennen!

Wie bei vielen Dingen ist der erste Schritt der schwierigste. So ist es auch in diesem Fall, da Konkurrenzunternehmen zuerst einmal **erkannt** werden müssen. Das kann sehr zeitaufwendig sein. Bei der Recherche sollten Sie **drei „Wettbewerbs-/Konkurrenz-Typen"** berücksichtigen:

- Unternehmen, die **baugleiche Produkte** bzw. eine **identische Dienstleistung** anbieten;
- Unternehmen, die zwar ein **ähnliches Produktsortiment**, aber **identische Dienstleistungen** anbieten;
- Unternehmen, die sogenannte **Substitutionsgüter** anbieten. Hierbei handelt es sich um Produkte, die als **Alternative zu Ihren Produkten** eingesetzt werden, aber sowohl in ihrer **Qualität als auch in ihrer Leistung** mit Ihren Produkten **vergleichbar** sind.

Schritt 2: Besondere Merkmale der Wettbewerber/Konkurrenz notieren!

Um diesen Schritt erfolgreich durchzuführen, sollte zunächst folgende Frage geklärt werden:

- Welche Merkmale sind für Ihre Produkte bzw. für Ihre Branche von besonderer Bedeutung?

Zu diesen Merkmalen könnten u. a. gehören:

- die Preisgestaltung,
- besondere Angebotspreise,
- vorhandene Marketingstrategien,
- Qualitätsstandards.

Unternehmen, die in mehreren Merkmalen deckungsgleich sind, dürften Ihre direkten Wettbewerber/Konkurrenten sein. Genau auf diese sollte sich der nächste Schritt konzentrieren.

Schritt 3: Stärken und Schwächen der stärksten Wettbewerber/Konkurrenten erkennen und bewerten!

In diesem Schritt geht es darum, bei den stärksten Wettbewerbern/Konkurrenten aus den Erkenntnissen des zweiten Schrittes **Schwächen und Stärken** zu erkennen und jeweils detailliert zu bewerten.

Aber Achtung: ***Nicht jede Schwäche/Stärke hat entscheidende Auswirkungen auf das unternehmerische Handeln.***

Notieren Sie sich die Schwächen und Stärken Ihrer stärksten Wettbewerber/Konkurrenten und bewerten Sie diese mit Schulnoten von 1 bis 6. Im Ergebnis gibt es einen Überblick über die Schwächen und Stärken der stärksten Wettbewerber/Konkurrenten.

Schritt 4: Entwicklung eines Konzeptes gegen Wettbewerber/Konkurrenten

Jetzt gilt es, die gewonnenen Erkenntnisse in Ihre Unternehmensstrategie einzubinden, um gegenüber dem Wettbewerber/Konkurrenten den entscheidenden Vorteil zu erlangen, um mit Ihrem Produkt / Ihrer Dienstleistung am Markt erfolgreich zu sein. Diese Strategie kann sehr unterschiedlich aussehen und muss individuell an die Ergebnisse der Analyse und schließlich auch an die formulierten Ziele angepasst werden.

MARKETINGSTRATEGIEN UND -INSTRUMENTE

Die **Marketingstrategie** ist ein Teilaspekt jeder neu geplanten Unternehmensstrategie. Um eine Marketingstrategie in die Unternehmensstrategie erfolgreich einbinden zu können, ist es zwingend erforderlich, in **Schritt Nr. 1** eine sogenannte **Situationsanalyse** durchzuführen. Diese Analyseform dient dazu, das eigene Unternehmen in einen Vergleich zu Mitbewerbern zu stellen.

Dabei werden unterschiedliche Faktoren berücksichtigt, z. B.:

- die aktuelle Marktsituation,
- die direkten Konkurrenzunternehmen,
- die Lieferanten,
- die rechtlichen Rahmenbedingungen,
- eventuell bereits vorhandene und erkennbare Ressourcen.

Im **nächsten Schritt** erfolgt eine **Bewertung der eigenen Produkte**. Wo befinden sich die Stärken, wo die Schwächen? Dies kann grafisch mittels der bereits beschriebenen **SWOT-Analyse** dargestellt werden. Der **letzte Schritt** befasst sich mit der **Definition der angestrebten Ziele**. Hierfür kann die bereits beschriebene **SMART**-Methode eingesetzt werden

Die Erkenntnisse aus diesen Schritten bilden die Grundlage für die Festlegung zukünftiger Marketingziele und der darauf aufzubauenden Marketingstrategie. **Hinweis**: Marketingziele sollten immer in enger Verbindung zu Unternehmenszielen stehen!

Für die praktische Umsetzung von Marketingstrategien sollten sogenannte **Marketinginstrumente** genutzt werden. Hierfür stehen insgesamt sieben Instrumente zur Verfügung. Sie teilen sich allerdings je nach Strategieform unterschiedlich auf:

- Vier Marketinginstrumente finden ihre Verwendung bei Strategien für Produkte bzw. Produktpaletten.
- Drei Marketinginstrumente finden ihre Verwendung bei Strategien für Dienstleistungen.

Da innerhalb der Betriebswirtschaftslehre meistens englische Bezeichnungen genutzt werden, macht diese Situation auch vor den Marketingstrategien keinen Halt. Der Anfangsbuchstabe dieser Marketinginstrumente ist jeweils das „P", was im allgemeinen betriebswirtschaftlichen Sprachgebrauch dazu geführt hat, dass die Summe dieser Marketinginstrumente als **„4Ps" (für Produkte)** bzw. **„3Ps" (für Dienstleistungen)** bezeichnet wird.

Bei den „4Ps" (für Produkte) handelt es sich um:

Product (Produktpolitik)

Dieses Marketinginstrument lässt sich mit einer einzigen Aussage beschreiben: Welches Produkt bzw. welche Produkte sollen am Markt eingeführt werden und wie gestaltet sich das Angebot dieses bzw. dieser Produkte?

Beispiel: Das Unternehmen steht in seiner Strategieplanung vor einer wichtigen Entscheidung:

- Soll das Produkt einzeln produziert und unter einer einzelnen Marke am Markt platziert werden?

Vorteil: Das Unternehmen kann sich vertriebstechnisch auf ein Produkt konzentrieren.

- Soll ein Produktmix produziert werden, der dann unter mehreren Marken am Markt platziert wird?

Nachteil: Der Vertrieb von mehreren Produkten gestaltet sich umfangreicher und dadurch auch risikointensiver.

Price (Preispolitik)

Die Preispolitik gilt als äußerst sensibles Marketinginstrument, da sie sowohl zum Produkt als auch zum Vertrieb und zur geplanten Strategie passen muss.

Beispiel: Das fertige Produkt wird als besonders hochwertig angeboten. Um diese Hochwertigkeit nicht zu untergraben, darf sich der Preis für dieses Produkt nicht im unteren Preissegment bewegen, sondern muss zwingend im oberen Preissegment liegen. Auch eine mögliche Rabattgestaltung spielt in diesem Marketinginstrument eine wichtige Rolle. Gibt es Rabatte und wenn ja, in welcher Staffelung, oder gibt es generell keine Rabatte? Letzteres spricht aus Kundensicht eher für ein hochwertiges Produkt, da ein hoher Preis oftmals mit guter Qualität in Verbindung gebracht wird.

Place (Distributionspolitik)

Eine erfolgreiche Strategie zeigt sich darin, dass ein Produkt/Produktmix am passenden Markt so positioniert wird, dass es/er von der Zielgruppe der Kunden wahrgenommen wird. Ggf. muss eine Anpassung der Unternehmensstrategie in diesem Punkt durchgeführt werden.

Beispiel: Die Unternehmensleitung ist mit der Reaktion der Kunden auf das Produkt nicht zufrieden. Es wird beschlossen, mit geeigneten Maßnahmen den Kundenbereich zu erweitern. Vorgeschlagen wird, das Produkt zusätzlich online anzubieten. Man verspricht sich dadurch nicht nur die Erweiterung des Kundenstamms, sondern auch, den Bekanntheitsgrad des Produktes zu steigern.

Kurzform: Je bekannter das Produkt – desto größer die Kundengruppe – desto höher der Umsatz bzw. Ertrag.

Promotion (Kommunikationspolitik)

Wie bekommt der Kunde aber nun Kenntnis von dem Produkt, das auf dem Markt angeboten wird? Geeignete Werbemaßnahmen sind hierbei der entscheidende Faktor. Wichtig ist, dabei die Werbemaßnahmen auch der Wertigkeit des Produktes anzupassen. Hierfür gilt folgendes Marketing-Prinzip: Je hochwertiger das Produkt, desto hochwertiger sollten auch die Marketingmaßnahmen ausfallen.

Achtung: Dies muss zwar nicht immer der Fall sein, allerdings kann das Prinzip dennoch als Daumenregel für effektive Werbemaßnahmen angesehen werden.

Werbemaßnahmen sollten aber in Abhängigkeit der Kundenstruktur unterschiedlich eingesetzt werden. Es ist ein entscheidender Unterschied, ob Werbemaßnahmen gegenüber **Endverbrauchern (B2C)** oder **Unternehmen (B2B)** eingesetzt werden.

ERKLÄRUNG:
B2C = Business to Customer = Verkauf gegenüber Endverbrauchern
B2B = Business to Business = Verkauf gegenüber Unternehmen

Nachfolgend jeweils drei Beispiele für erfolgreiche Marketingmaßnahmen im B2C- und B2B-Verkauf:

B2C-Verkauf:

- **Rabatte**

Rabatte sind der Klassiker im Verkauf gegenüber Endverbrauchern. Sie lösen bei den Kunden einen besonderen Anreiz aus, dieses (Ihr) Produkt besonders günstig zu erwerben. Auch bisher eher unentschlossene Kunden werden durch Rabatte meistens ihr bisheriges Kaufverhalten überdenken.

- **Flash-Sale**

Hierbei handelt es sich um eine Verkaufsaktion, die überwiegend im Online-Handel eingesetzt wird. Hierbei wird ein Produkt auch mit einem Rabatt angeboten, aber noch durch eine zeitliche Begrenzung verstärkt, unterstützt durch eine besondere Werbebotschaft, z. B.: „Die Sensation für heute!“
Beim Kunden erzeugt diese Maßnahme ein Gefühl der Dringlichkeit, um ein lukratives Schnäppchen zu machen.

• **Kostenloser Versand**
Auch wenn es auf den ersten Blick etwas lapidar erscheint: Durch Kundenbefragungen ist bewiesen, dass Kunden ein besonderes Augenmerk auf zusätzliche Kosten, z. B. Versandkosten, richten. Ein kostenloser Versand verstärkt den Kaufanreiz.

B2C-Verkauf

• **Produkt-Bundle**
Hierbei handelt es sich um eine besondere Verkaufstaktik, bei der zwei oder mehrere Produkte dem Kunden angeboten werden. Bei einem Produkt-Bundle sollten allerdings immer zwei Aspekte hervorstechen:

• Der Preis eines Bundles sollte stets niedriger ausfallen als die Summe der Preise aller Einzelprodukte.

• Dem Kunden sollte verdeutlicht werden, dass ein Bundle auf der Grundlage fairer Preise angeboten wird und er durch den Kauf einen entsprechenden Mehrwert erzielt.

• **Test-Produkte**
Diese Marketingmaßnahme bietet sich insbesondere für unentschlossene Kunden an. Ein Test über einen bestimmten Zeitraum, ohne Kosten, öffnet dem Kunden die Möglichkeit, das Produkt umfassend zu prüfen. Nach Ende dieser Testphase kann der Kunde das Produkt erwerben oder zurückgeben. Zurückgegebene Produkte können ggf. nach Wartung erneut bei Kunden als Testprodukte eingesetzt werden. In diesem Fall sollte der Kunde aber darüber informiert werden. Bei einer positiven Kaufentscheidung erhält er allerdings ein neues Produkt.

• **Zahlungsfrist/Ratenkauf**
Sowohl Zahlungsfristen als auch Ratenkäufe sind interessante Möglichkeiten, den Kauf eines Produktes für den Kunden interessant zu machen. Insbesondere bei hochwertigen Produkten nutzen Kunden diese Optionen gerne, da so die anfallenden Kosten über einen längeren Zeitraum betrachtet werden können.
Neben B2C und B2B gibt es aber auch eine Vielzahl von Marketingmaßnahmen, die allgemein und nicht produktbezogen angewandt werden können. Dazu gehören z. B.:

• regelmäßig veröffentlichte Newsletter,

• Geburtstagswünsche an die Kunden,

• öffentliche Darstellung eigener sozialer Engagements.

Kommen wir jetzt zu den bereits erwähnten **„3Ps" (für Dienstleistungen).** Auch hier werden englische Bezeichnungen, die jeweils mit dem Buchstaben „P" beginnen, genutzt.

Im Einzelnen handelt es sich um:

Process (Prozesspolitik)

Mit diesem Marketinginstrument wird das Augenmerk auf sämtliche Arbeitsschritte, Methoden und Abläufe im Prozess ausgerichtet. Nichts soll dem Zufall überlassen sein, sondern eine klar definierte Prozesspolitik soll dafür sorgen, dass ein reibungsloser Ablauf der Dienstleistung gewährleistet ist. Da hierbei mehrere Personen involviert sind, soll die Prozesspolitik folgenden Kernsatz erarbeiten:
„Welcher Mitarbeiter macht wann womit was?"

Folgende W-Fragen sollten stets beantwortet werden:
Wer/Welcher?
Wann?
Womit?
Was?

People (Personalpolitik)

Diesem Marketinginstrument kommt eine entscheidende Bedeutung zu, da innerhalb einer Dienstleistung der Kunde irgendwann direkt (vor Ort) oder indirekt (z. B. im Callcenter) auf einen Mitarbeiter des Unternehmens trifft. Da Dienstleistungen aber nicht greifbar (immateriell) sind, wird der Kunde innerhalb der Dienstleistung nach realen Punkten suchen, die Eindruck hinterlassen. Dies kann aber später auch negativ ausfallen.

Es ist also zwingend erforderlich für dieses Marketinginstrument, nicht nur geeignetes, sondern auch positiv agierendes Personal zu finden. So lässt sich eine Kundenzufriedenheit beeinflussen, was für positives Feedback sorgt.

Physical Facilities (Ausstattungspolitik)

Die Ausstattungspolitik soll dafür sorgen, dass die geplanten Unternehmensziele durch eine **sichtbare, qualitative Dienstleistung** die Wahrnehmung eines Kunden **positiv beeinflussen**. Design und Ausstattung können sich produktspezifisch von anderen Produkten abheben. Kundenspezifisch spielen dagegen eher die persönliche Ausstattung, die Kleidung und das äußere Erscheinungsbild der Mitarbeiter eine besondere Rolle.

Vertriebsmanagement

Das Vertriebsmanagement öffnet die Tür zum unternehmerischen Erfolg! Das ist einerseits eine sachliche Aussage, andererseits aber auch ein entscheidender Hinweis auf einen Unternehmensbereich, der maßgeblich daran beteiligt ist, ob das Unternehmen erfolgreich am Markt agieren kann.

Das Vertriebsmanagement ist genau betrachtet der entscheidende Bereich für den Erfolg eines Unternehmens, da es verantwortlich für die gewinnbringende Vermarktung eines Produktes bzw. einer Dienstleistung ist.

Sämtliche Strategien bzw. Maßnahmen, die Ihnen bisher vorgestellt wurden, würden ohne ein ausgeprägtes Vertriebsmanagement nur bedingt bis gar nicht erfolgreich sein.

Das Vertriebsmanagement begleitet sämtliche Führungsaufgaben des Unternehmens, vom Aufbau der Organisation eines Unternehmens über die Steuerung und das Controlling interner Maßnahmen zur Steigerung der Produktivität bis hin zu strategischen Maßnahmen für eine erfolgreiche Entwicklung des Unternehmens.

Innerhalb der Betriebswirtschaft wird das Vertriebsmanagement eines Unternehmens in **drei Bereiche** aufgeteilt:

- das **strategische** Vertriebsmanagement,
- das **operative** Vertriebsmanagement,
- das **kontrollierende** Vertriebsmanagement.

Die Aufgaben des Vertriebsmanagements sind sehr vielfältig, z. B.:

- Aufbau und Organisation einer überzeugenden und erfolgreichen Vertriebsmannschaft,
- Entwicklung und Festlegung von Unternehmensstrategien,
- Entwicklung neuer Vertriebskonzepte,
- Steuerung sämtlicher Vertriebstätigkeiten des Unternehmens,
- Kontrolle sämtlicher Strategien des Unternehmens,
- Analyse laufender Vertriebskonzepte,
- Motivation eigener Mitarbeiter,
- Festlegung von Kennzahlen,
- Controlling und Berichtswesen.

Strategisches Vertriebsmanagement

Die Hauptaufgabe des strategischen Vertriebsmanagements liegt in der Umsetzung einer geplanten bzw. vorhandenen Unternehmensstrategie und insbesondere in der langfristigen Positionierung dieser Strategie. Eine weitere Aufgabe liegt in der Durchführung von Analysen, die permanent die aktuellen Wünsche und Bedürfnisse der Kunden untersuchen.

Die **Ergebnisse aus den Analysen** fließen in unterstützende Informationen für den Vertriebsaußendienst beim Verkauf der Produkte ein, u. a.:

- spezifische Angebote für unterschiedliche Kundengruppen entwickeln,
- Alt- bzw. Neukunden gemäß ihren Bedürfnissen zu unterteilen,
- die innerbetriebliche Zusammenarbeit aller Bereiche mit dem Vertrieb zu stärken,
- Kennzahlen für die unternehmerischen Strategien zu ermitteln,
- Gegenstrategien zu entwickeln, um neuen Strategien der Mitbewerber entgegenzuwirken.

Operatives Vertriebsmanagement

Im operativen Vertriebsmanagement liegt der Schwerpunkt in **Unterstützungsmaßnahmen** für ein erfolgreiches strategisches Vertriebsmanagement. Das betrifft zum überwiegenden Teil das Vertriebsteam. Mitarbeiter direkt in Prozesse zu **integrieren**, Mitarbeiter zu **schulen**, Mitarbeiter **weiterzuentwickeln**, Mitarbeiter an **Erfolgen teilhaben** zu lassen, Mitarbeiter zu **motivieren** und auch Mitarbeiter **konstruktiv zu kritisieren** sind alles Maßnahmen, die für eine positive Basis eines erfolgreichen Vertriebsmanagements beitragen.

Zur Unterstützung dieser Ziele stehen heutzutage praxisbezogene Software-Programme zur Verfügung, mit denen das eigene operative Vertriebsmanagement optisch aufbereitet wird. Hinsichtlich Vertriebsprozess, Vertriebsaktivität und Zielorientierung können alle wichtigen Aspekte eines erfolgreichen Vertriebsmanagements dargestellt und analysiert werden.

Kontrollierendes Vertriebsmanagement

Kontrolle (Controlling) ist grundsätzlich eine Primäraufgabe im gesamten Unternehmensbereich. Insbesondere das Vertriebsmanagement kommt nicht ohne ein notwendiges Controlling aus. Informationen über Markt und Kunden müssen schnell weitervermittelt und die Einhaltung von beschlossenen Vorgaben kontrolliert werden. So wird ein optimales Controlling die Erfolgsgrundlage für ein innovatives Unternehmen.

MARKETING-CONTROLLING UND ERFOLGSMESSUNG

Es ist sicherlich selbstredend, dass eine Unternehmensführung in regelmäßigen Abständen aktuelle Informationen zum Stand einer Strategieumsetzung erhalten möchte. Werden Zwischenziele erreicht? Wird die Zeitplanung eingehalten? Werden die Kosten eingehalten? Das sind nur einige Fragen, die eine Unternehmensstrategie von Beginn bis zum Ende dauerhaft begleiten. Die Antworten auf diese Fragen liefert das **Marketing-Controlling**. Um dieser Aufgabe gerecht zu werden, entwickelt das Marketing-Controlling im Vorfeld einer Unternehmensstrategie messbare Kennzahlen oder markante Werte und macht so die Entwicklung einer Strategie mess- und sichtbar. Das Marketing-Controlling verfolgt aber noch weitere Ziele. Dazu gehören u. a. **externe** und **interne Ziele**:

Externe Ziele:

- die Stärkung des Marktes,
- die Forcierung des Produktumsatzes,
- die Förderung des Bekanntheitsgrades des Produktes / des Unternehmens,
- die Bindung von Kunden.

Interne Ziele:

- ständige Verbesserung der Marketingstrategie,
- Anpassung von Strategiezielen nach erkennbaren Schwierigkeiten,
- Unterstützung bei neu festzulegenden Strategiezielen,
- Festlegung von Kennzahlen.

Dem Marketing-Controlling obliegen aber noch weitere Aufgaben, losgelöst von einer aktuellen Marketingstrategie. Dazu gehören interne, aber auch externe Kennzahlen.

Interne Kennzahlen, u. a.:
- die Erfassung einer Rücklaufquote (Response Rate) pro Produkt,
- der Umsatz pro Rücklauf,
- die Kosten pro Rücklauf,
- die Veränderung der Kundenstruktur.

Externe Kennzahlen, u. a.:
- Anzahl/Umsatz und Ertrag der verkauften Produkte,
- der Marktanteil der Produkte,
- Anzahl der Kunden im laufenden Jahr,
- Veränderung der Kundenanzahl gegenüber dem Vorjahr,
- der Imagegrad des Unternehmens,
- die Kundenzufriedenheit,
- die Anzahl von Kundenbeschwerden.

Erfolgreiches Finanzmanagement

Das Finanzmanagement gehört zu den wichtigsten Bereichen eines Unternehmens. Auch hierbei gilt eine einfache Regel: **Verfügbares Kapital (Finanzen) sichert Investitionen in der Zukunft!**

Das Finanzmanagement beschäftigt sich mit **sämtlichen Faktoren**, die mit, durch und über **Finanzmittel** zum **Erfolg eines Unternehmens** beitragen.

Dazu gehören z. B. die bereits beschriebene **strategische Planung**, aber auch **sämtliche Finanzbewegungen** innerhalb der Organisation eines Unternehmens und deren Kontrolle.

Alltäglich werden in Unternehmen Entscheidungen getroffen, die in ihrer Konsequenz auf Finanzmittel zurückgreifen müssen oder mit ihnen zusammenhängen. Das ist die Herausforderung für das Finanzmanagement.

Folgende Fragen sollten dabei auf jeden Fall und vor jedem Unterfangen gründlich geklärt werden:

- Können die Entscheidungen in die Tat umgesetzt werden?
- Stehen ausreichende Finanzmittel zur Verfügung?
- Müssen extern Finanzmittel aufgenommen werden?

Das sind nur einige Fragen, die tagtäglich vom Finanzmanagement geklärt werden müssen. Je nach Situation und Plan können diese variieren oder sich ändern.

Finanzplanung und Analyse

Bevor Geld ausgegeben werden kann, muss sehr akribisch **geplant** werden. Stehen z. B. die benötigten Mittel bereits zur Verfügung oder müssen sie noch anderweitig beschafft werden? Reicht das Budget denn überhaupt aus, um diese Notwendigkeiten gegebenenfalls zu erwerben? Nur durch eine **effektive Planung** kann ein Unternehmen sich kurz-, mittel- und langfristige Ziele setzen bzw. Maßnahmen einleiten. Aufgrund dieser Fakten ist die Finanzplanung zwingender Bestandteil eines Business- bzw. Unternehmensplans. Dadurch kann sichtbar gemacht werden, welche Finanzmittel zur Verfügung stehen und welche beschafft werden müssen.

Die Finanzplanung soll dafür sorgen, dass ein Unternehmen immer in der Lage ist, Zahlungsverpflichtungen zeitnah zu begleichen und in Wettbewerbsmaßnahmen investieren zu können!

Um eine aussagekräftige Finanzplanung durchzuführen, ist es notwendig, im Vorfeld der Finanzplanung eine **gründliche Analyse** durchzuführen, die ein möglichst breit gefächertes Spektrum von bereits vorhandenen Finanzmitteln, Umsatz- und Ertragszahlen sowie zukünftige Absatzprognosen beinhaltet. Diese Informationen werden einen direkten Einfluss auf eine solide Finanzplanung haben.

Aufbau einer Finanzplanung

Für die Ausarbeitung einer Finanzplanung gilt kein einheitliches Muster. Es ist den Planern also frei überlassen, welche Kennzahlen für die Planung herangezogen werden. Betriebswirtschaftlich wird aber empfohlen, **nachfolgend aufgeführte Faktoren** immer in die Planung einzubeziehen:

Umsatzplanung

Berechnung der Umsätze, die aus Produkten und Dienstleistungen erzielt werden sollen.

Betriebskosten

Feststehende Betriebskosten: Gehälter und Löhne, Mieten, Versicherungen, Strom, Wasser, Heizung usw.

Variable Betriebskosten: Material, Verpackung, Transport, Löhne für Überstunden usw.

Investitionskosten

Sämtliche Finanzmittel, die für einen längeren Zeitraum benötigt werden, z. B. für die Anschaffung neuer Maschinen, Werkzeuge, Büroeinrichtungen, IT-Equipment, Patente, Lizenzen usw.

Finanzierungskosten

Sämtliche Kosten, die in direkter Verbindung zur Finanzierung eines Kapitalbedarfs benötigt werden. Dazu gehören einmalige und laufende Kosten.

Beispiele für einmalige Kosten: Provisionen, Kosten für Kreditvermittlungen, Bereitstellungszinsen für Kredite usw.

Beispiele für laufende Kosten: Überziehungskosten für Konto, Zinsen

Fremdfinanzierungsbedarf

Sämtliche Finanzmittel, die zusätzlich zum Eigenkapital benötigt werden, um eine Erweiterung des Unternehmens durchzuführen oder in neue Marktsegmente (z. B. Onlineshop) zu investieren.

Liquiditätsbedarf

Bedarf an verfügbaren Zahlungsmitteln, um aktuelle Zahlungsverpflichtungen erfüllen zu können.

INVESTITIONSRECHNUNG

Unter einer Investitionsrechnung versteht man einen einfachen mathematischen Rechenvorgang, mit dem **zukünftige Investitionen analysiert** und auf ihre **Vorteilhaftigkeit überprüft** werden können.

Einfacher ausgedrückt: Eine Investitionsrechnung ermöglicht, wirtschaftliche Eckpunkte, z. B. laufende Kosten, in Relation zum Gewinn und der Rentabilität zu setzen – eine mehr als wichtige Erkenntnis für jeden Investor.

Für eine Investitionsrechnung stehen **zwei unterschiedliche Verfahren** zur Verfügung, deren Unterschiede in der Fülle von Informationsdaten liegen:

- die statische Investitionsrechnung (die einfachere Variante),
- die dynamische Investitionsrechnung (die umfangreichere Variante).

Statische Investitionsrechnung

Die statische Investitionsrechnung berücksichtigt als Grundvoraussetzung nur **einen einzigen Zeitraum der Investition**, in der Regel **ein abgeschlossenes Geschäftsjahr.**

Genau dieser kurzfristige Zeitraum ist der große Nachteil gegenüber der dynamischen Investitionsrechnung. Die Begründung liegt darin, dass bei einem derart kurzen Zeitraum der **Zeitwert** des Kapitals (Geld) **nicht berücksichtigt** wird. Der Zeitwert von Geld beinhaltet zwei wichtige Komponenten: die anfallenden Zinsen für Kredite und den inflationären Verlust des Geldes. Einfacher ausgedrückt: Der Zeitwert von Geld sinkt über den Zeitraum eines Jahres, ist folglich am Ende des Betrachtungszeitraums weniger wert als zu Beginn.

Die statische Investitionsrechnung wird in drei Schritten abgewickelt.

Schritt 1:

Sie beginnt mit einer **Kostenvergleichsrechnung**, die als Zielgröße die Gesamtkosten der analysierten Investition berechnet. Die Gesamtkosten setzen sich aus mehreren Faktoren, z. B. Miet-, Lohn-, Energie- und Wartungskosten, aber auch aus Steuern jeglicher Art zusammen. Dieses Verfahren wird im Regelfall bei Investitionen für ähnliche Produkte/Projekte genutzt.

Beispiel einer Kostenvergleichsrechnung:
Ausgangssituation: Das Unternehmen „XYZ" plant für die nächsten fünf Jahre die Anschaffung einer neuen Präzisions-Bohrmaschine. Zur Auswahl stehen zwei Angebote. Für die Finanzierung liegt bereits ein Kreditangebot mit einem jährlichen Zinssatz von 4 % vor. Die Abschreibung der Bohrmaschine soll in gleichen Beträgen über die Nutzungsdauer erfolgen.

Bohrmaschine 1:

Anschaffungspreis	= 250.000 €, aufgeteilt auf fünf Jahre = **50.000 € Jahr**
Montagekosten	= **20.000 € einmalig**
Personalkosten	= **30.000,00 € pro Jahr**
Betriebskosten	= **24.000,00 € pro Jahr**
Zinszahlung	= 250.000 x 0,04 = **10.000 € pro Jahr**
Kosten gesamt pro Jahr	**= 134.000 €**

Bohrmaschine 2:

Anschaffungspreis	= 350.000 €, aufgeteilt auf fünf Jahre = **70.000 € pro Jahr**
Montagekosten	= **25.000 €**
Personalkosten	= **24.000,00 € pro Jahr**
Betriebskosten	= **12.000,00 € pro Jahr**
Zinszahlung	= 350.000 x 0,04 = **14.000 € pro Jahr**
Kosten gesamt pro Jahr	**= 145.000 €**

Nach Vorlage dieser Daten entscheidet sich die Unternehmensführung für den Ankauf der Bohrmaschine 1.

Schritt 2:

Im nächsten Schritt erfolgt eine Rentabilitätsrechnung. Hierbei wird durch eine einfache Rechenformel ein Blick in die Zukunft geworfen. Diese Formel setzt einen möglichen Gewinn der Investition in Beziehung zur Höhe des eingesetzten Kapitals.

Die Formel der Rentabilitätsrechnung lautet:
Rendite = (Gewinn vor Zinsen + kalkulatorische Zinsen)
: gebundenes Kapital x 100

Klartext der Formel:
Die Rendite errechnet sich aus dem Gesamt-Zinsgewinn dividiert durch den tatsächlichen Kapitaleinsatz. Um diese Rechnung in einem Prozentwert sichtbar zu machen, wird das Zwischenergebnis mit dem Faktor 100 multipliziert.

Schritt 3:

Nach dem Kostenvergleich und der zu erwartenden Rentabilität ist es für das Unternehmen auch von großem Interesse, ab wann diese Investition Gewinne einfährt. Hierfür wird eine weitere Rechnung durchgeführt, die Amortisationsrechnung. Diese Rechenform berechnet die Zeit, die ein Kapitaleinsatz benötigt, bis positive Zahlen (Amortisation) erwirtschaftet werden.

Die Formel der Amortisationsrechnung lautet:
Ursprünglicher Kapitaleinsatz : bisherige, durchschnittliche Einnahmen
= Zeitraum der Amortisation

Die statische Investitionsrechnung ist eher für kurzfristige Investitionen mit geringerem Kapitaleinsatz geeignet.

Dynamische Investitionsrechnung

Drei Faktoren bilden den großen Unterschied zur statischen Investitionsrechnung. Es werden...

- ... mehrere Zeiträume einer geplanten Investition oder einer bereits laufenden Investition ausgewählt.
- ...sämtliche Finanztransaktionen (Ein- und Auszahlungen) berücksichtigt.
- Oder es wird der wechselnde Zeitwert des Geldes berücksichtigt.

Auch die dynamische Investitionsrechnung kann mit **unterschiedlichen Methoden** durchgeführt werden. Gegebenenfalls kann man diese auch miteinander kombinieren.

Methode 1: Die Kapitalwertmethode

Sie beginnt mit der Kapitalwertmethode, die den heute **aktuellen Kapitalwert einer Investition** unter **Berücksichtigung der Verzinsung sämtlicher Zahlungen** berechnet.

Dabei werden sowohl die Zeitpunkte der Zahlungen als auch die unterschiedlichen Zinswerte berücksichtigt. Ergebnisse aus der Kapitalwertmethode können z. B. folgende Rückschlüsse ergeben:

- Ergibt die Berechnung einen Kapitalwert von „+/- 0", muss die Entscheidung für eine Investition aufgrund anderer Faktoren erfolgen.
- Ergibt die Berechnung einen Kapitalwert von „+0", ist mit einem Überschuss der Einnahmen gegenüber den Ausgaben zu rechnen. Die Investition verspricht also finanzielle Gewinne.
- Ergibt die Berechnung einen Kapitalwert von „-0", ist mit höheren Ausgaben als Einnahmen zu rechnen. Von einer Investition ist abzuraten, da finanzielle Verluste drohen.

Methode 2: Die Annuitätenmethode

Eine Ergänzung zur Kapitalwertmethode ist die Annuitätenmethode. Hierbei wird der **Kapitalwert einer Investition** so verteilt, dass Ein- und Auszahlungen in eine **Annuität** umgewandelt werden. Hierbei handelt es sich um einen rein mathematisch errechneten Wert. Liegt die Annuität über dem Faktor „0", ist die Investition positiv zu betrachten.

Unter dem Begriff **Annuität** versteht man die regelmäßige Zahlung, bestehend aus Zins- und Tilgungszahlung, mit der ein Kredit in einer festgelegten Zeit getilgt wird. Innerhalb der festgelegten Laufzeit verringern sich die Zinszahlungen, während sich die Tilgungszahlungen erhöhen.

Methode 3: Die Endwertmethode

Der folgende Schritt, die sogenannte Endwertmethode, berücksichtigt bei der Analyse nicht den Kapitalwert aus der Kapitalwertmethode, sondern, wie die Bezeichnung bereits verrät, den **Endwert**, inkl. des aktuellen Zinssatzes, der Investition. Die Rückschlüsse sind allerdings analog zur Kapitalwertmethode.

Methode 4: Die Zinsfußmethode

Ein weiteres Verfahren der dynamischen Investitionsrechnung ist die interne Zinsfußmethode. Bei dieser Methode geht es, anders als bei der Kapitalwertmethode, nicht um das Kapital, sondern um einen **Zinssatz**. Ermittelt wird der Zinssatz, bei dem sich der Kapitalwert einer Anschaffung bei „Null" befindet. Dieser Zinssatz ist gleichzusetzen mit der Rentabilität des eingesetzten Kapitals.

Die dynamische Investitionsrechnung ist eher für längerfristig angelegte Investitionen mit wechselndem Kapitaleinsatz geeignet.

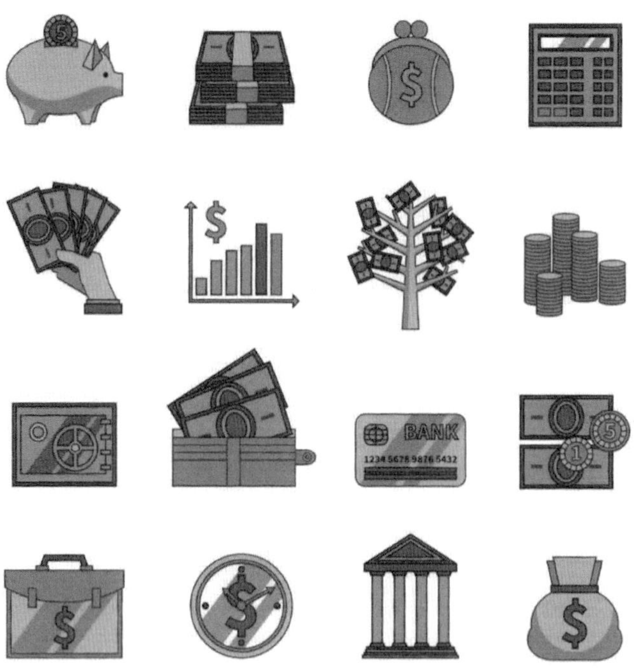

KOSTENRECHNUNG UND CONTROLLING

Die Kostenrechnung und das Controlling sind beides wichtige Bereiche des Rechnungswesens. Sie unterstützen beide mit ihren Informationen den unternehmerischen Erfolg. Deshalb werden beide Funktionen auch als Stabstellen eingeordnet und sind im Regelfall direkt bei der Unternehmensführung angesiedelt.

Kostenrechnung

Die Kostenrechnung dient zum überwiegenden Teil der **Planung und Kontrolle von budgetierten Kosten und Erlösen.**

Dazu zählen u. a.:

Erfassung und Verbuchung aller anfallenden Kosten und Erträge, u. a.:

- Kalkulation sämtlicher anfallenden Kosten,
- vorausschauende Errechnung von Erträgen.

Kontrolle der Wirtschaftlichkeit eines Unternehmens, u. a.:

- Anfertigung eines regelmäßigen Soll-Ist-Vergleiches,
- Budgetplanungen für einzelne Kostenstellen im Unternehmen.

Unterstützung bei anstehenden Investitionen durch Bereitstellung betriebswirtschaftlicher Informationen/Daten, u. a.:

- Ermittlung von Herstellungskosten für unterschiedliche Zwecke einer Bilanzierung,
- Kalkulation von Verkaufspreisen produzierter Produkte bzw. Dienstleistungen.

Die Kostenrechnung basiert auf einer **Drei-Stufen-Struktur**, bei der sich die Stufen zwar untereinander ergänzen, aber trotzdem eigene Aufgaben verfolgen.

Bei diesen drei Stufen handelt es sich um folgende Rechnungsaufgaben:

- Stufe 1: Die Kosten**arten**rechnung
- Stufe 2: Die Kosten**stellen**rechnung
- Stufe 3: Die Kosten**träger**rechnung

Die **Kostenartenrechnung** beschäftigt sich mit den generell anfallenden Kosten im Unternehmen. Dafür werden sämtliche anfallende Kosten in drei sogenannte **Produktionsfaktoren** gegliedert:

1. **Dispositive Produktionsfaktoren**, z. B. alle anfallenden Kosten, die aufgrund menschlicher Arbeit anfallen. Dazu gehören u. a. Personalkosten, Schulungskosten, Kontrollkosten usw.

2. **Elementare Produktionsfaktoren**, z. B. alle anfallenden Betriebsmittel. Dazu gehören u. a. Grundstücke und Gebäude, Maschinen, Transportmittel, Büroinventar usw.

3. **Materialkosten**, z. B. sämtliche Werk-, Betriebs-, Hilfs- und Rohstoffe, die innerhalb der Produktion eine Verwendung finden.

Die **Kostenstellenrechnung** gliedert alle erfassten Kosten in unterschiedliche Kostenarten, gegliedert nach Bereichen und Abteilungen. Dazu gehören z. B. Personal-, Material-, Raum-, Kapitalkosten usw. die auf Veranlassung der Unternehmensführung auf bereichsbezogene Kostenstellen verteilt werden.

Die **Kostenträgerrechnung** schließt den gesamten Vorgang der Kostenrechnung ab, indem die Buchungen in die Kostenstellen der Bereiche und Abteilungen noch feiner aufgegliedert werden, z. B. in Verursacher- bzw. Nutzungskosten.

Controlling

Wie bereits erwähnt, gehört das Controlling als Teilbereich zur Führung eines Unternehmens.

Das Controlling soll sicherstellen, dass z. B. geplante Ziele erreicht werden, dass Kosten sich im vorgegebenen Rahmen bewegen und dass ein Unternehmen wirtschaftlich erfolgreich arbeitet.

Um seine Aufgaben im Unternehmen zu erfüllen, greift das Controlling auf **interne Informationen** zurück, z. B. die **Budgetplanungen** der einzelnen Abteilungen, nutzt aber gleichzeitig **externe Tools**, um einen Überblick zur wirtschaftlichen Gesamtentwicklung eines Unternehmens zu erhalten, um ggf. gegensteuern zu können.

Einige dieser Tools sind u. a. die:

Wirtschaftlichkeitsberechnung

Hierbei handelt es sich um eine einfache mathematische Formel mit den Rechengrößen Erlöse (alternativ: Ertrag) und Kosten (alternativ: Aufwand).

Formel:
Erlöse (Ertrag) : Kosten (Aufwand) = Wirtschaftlichkeit

Eine positive Wirtschaftlichkeit liegt vor, wenn das Rechenergebnis größer 1 ausfällt. Bei einem Rechenergebnis kleiner 1 liegt eine Unwirtschaftlichkeit vor.

Beispiel: Innerhalb eines Geschäftsjahres erwirtschaftet das Unternehmen Erlöse (Ertrag) in Höhe von 800.000 Euro. Demgegenüber steht der Aufwand (z. B. Personal-, Material-, Energie- und sonstige Kosten) in Höhe von 600.000 Euro.

Berechnung: 800.000 Euro : 600.000 Euro = Faktor 1,33.
→ **Die Wirtschaftlichkeit des Unternehmens ist positiv!**

ABC-Analyse

Bei dieser Analyseform handelt es sich um einen „Klassiker" aus der Betriebswirtschaftslehre. Bei der ABC-Analyse werden die Kunden eines Unternehmens in drei Gruppen (A, B und C) klassifiziert. Grundlage für diese Klassifizierung ist die Bedeutung des Kunden für das Unternehmen. Für die Bedeutung werden im Regelfall die Kriterien **Umsatz** und **Kosten** herangezogen. Beides sind praxisbezogene Kriterien, die sich ideal für eine Klassifizierung eignen.

Beispiel: In der Gruppe *A* (sehr wichtig) werden alle Kunden aufgelistet, die einen hohen Umsatz erzielen, gleichzeitig aber wenig Kosten produzieren.

In der Gruppe *B* (wichtig) finden sich die Kunden wieder, die einen befriedigenden Umsatz erzielen und gleichzeitig annehmbare Kosten produzieren.

In der Gruppe *C* (weniger wichtig) werden die Kunden aufgelistet, die einen geringen Umsatz aufweisen, der gleichzeitig durch anfallende Kosten wieder aufgebraucht wird.

Erkenntnisse

Bei detaillierter Betrachtung der Umsätze/Kosten in diesen Klassifizierungen lassen sich drei Erkenntnisse gewinnen:

- 20 % der Kunden fallen in die Klasse *A* und generieren 80 % des Umsatzes.
- 30 % der Kunden fallen in die Klasse *B* und generieren 15 % des Umsatzes.
- 50 % der Kunden fallen in die Klasse *C* und generieren 5 % des Umsatzes.

Dieses Phänomen wird innerhalb der Betriebswirtschaft als das sogenannte **Pareto-Prinzip** oder auch als **80/20-Regel** bezeichnet.

Um erfolgreich am Markt bestehen zu können, sollte ein Unternehmen zwar sein Augenmerk auf die Kunden der Klasse *A* richten, gleichzeitig aber auch die Kunden aus den Klassen *B * und *C* nicht unberücksichtigt lassen. Schließlich kann sich ein *C*-Kunde im Laufe der Zeit zu einem *B*-Kunden entwickeln und ein *B*-Kunde auch zu einem *A*-Kunden aufsteigen.

Das Pareto-Prinzip

Diese Methode ist nach dem italienischen Soziologen Vilfredo Pareto benannt. Anfang des 20. Jahrhunderts untersuchte Pareto die Aufteilung des Grundbesitzes in Italien. Er fand folgendes Ergebnis heraus: 20 % der Bevölkerung waren im Besitz von 80 % des Staatsvermögens. Umgekehrt bedeutete dies aber auch, dass 80 % der Bevölkerung nur 20 % des Staatsvermögens innehatten. Es lag folglich ein Ungleichgewicht zwischen Aufwand und Ertrag vor. Auch im unternehmerischen Bereich wurde diese Konstellation festgestellt. 80 % des Umsatzes wurden durch 20 % der Kunden erzielt. Daher bezeichnet man heute in der Betriebswirtschaft diese Erkenntnis als Pare-Prinzip bzw. als 80/20-Regel.

In den letzten Jahren wurde dieses Prinzip zu einem Kernpunkt im Bereich Zeit- und Selbstmanagement. Es beschreibt im Kern, dass durch 20 % Zeitaufwand 80 % der Ziele erreicht werden.

Maßnahmen gegenüber Kunden der Klasse A:
Bei diesen Kunden ist eine **persönliche Betreuung** durch den Außendienst ein absolutes „Muss", um zu verhindern, dass diese Kunden zukünftig in die Klasse B abrutschen. Diese Wahrscheinlichkeit wäre sicherlich mit einem sinkenden Umsatz verbunden.

Bei einer persönlichen Betreuung durch den Außendienst lassen sich Probleme, Beschwerden usw. intensiver besprechen und gleichzeitig lassen sich neue Produkte individueller präsentieren und anbieten. Das Ziel bei A-Kunden muss sein, sie in der Klasse A zu halten.

Maßnahmen gegenüber Kunden der Klasse B:
Bei diesen Kunden lässt sich weiteres Potential für eine Umsatzsteigerung vermuten. Es empfiehlt sich bei diesen Kunden, eine besonders ausgeprägte Betreuung durch den Außendienst aufzubauen, ggf. mit fest terminierten Besuchen (z. B. monatlich, mindestens aber vierteljährlich).

Eine persönliche Betreuung von B-Kunden lohnt sich auf jeden Fall und bietet eine Vielzahl von Chancen für eine weitere positive Zusammenarbeit. Das Ziel bei B-Kunden muss sein, den Umsatz derart zu steigern, dass sie zukünftig als A-Kunden klassifiziert werden können.

Maßnahmen gegenüber Kunden der Klasse C:
In der Regel befinden sich in dieser Klasse die **meisten Kunden**. Allerdings sind sie mit Sicht auf den Gesamtumsatz des Unternehmens eher unbedeutend. Das bedeutet aber nicht, dass eine Betreuung durch den Außendienst unwichtig ist.

Sollten keine Anzeichen einer außergewöhnlich positiven Steigerung des Umsatzes erkennbar sein, reicht der übliche Service (z. B. quartalsmäßige Anrufe) und ggf. eine punktuelle Betreuung durch den Außendienst. Das Ziel bei C-Kunden muss sein, sie generell als Kunde des Unternehmens zu halten.

FINANZIERUNGSARTEN

Den wichtigsten Stellenwert innerhalb eines Unternehmens nimmt ohne Frage der Bereich **Finanzierung** ein. Ohne eine ausreichende Finanzierung lässt sich kein Unternehmen gründen und ohne ausreichend frisches Kapital kann sich auch kein Unternehmen dauerhaft am Markt etablieren. Doch woher soll dieses Geld kommen? Obwohl sich in dieser Frage ein gleicher Kontext befindet, gibt es schon einige Unterschiede bei der Finanzierung von Start-ups bzw. bereits etablierten Unternehmen.

Finanzierung für Start-up-Unternehmen

Ein gutes Finanzierungskonzept inkl. eines Businessplans wird entscheidend sein, um erfolgreich ein Unternehmen zu gründen. Viele Gründer gehen allerdings viel zu leichtgläubig an diese Aufgabe heran und unterschätzen dabei den tatsächlichen Kapitalbedarf. Gerade die erwarteten Umsätze zu Beginn der Selbstständigkeit werden dabei unterschätzt.

Wissenschaftliche Untersuchungen (z. B. vom *Institut für Mittelstandsforschung* in Bonn oder der *KfW-Bank (Kreditanstalt für Wiederaufbau) Frankfurt/Main*) haben ergeben, dass ein neu gegründetes Unternehmen **frühestens nach sechs Monaten**, vermutlich noch später, in die Gewinnzone kommt. Darin liegt auch der Grund, warum neu gegründete Unternehmen in den ersten drei Jahren wieder aufgeben müssen. Je gründlicher und detaillierter ein Finanzierungskonzept ausgearbeitet ist, desto größer wird die Bereitschaft eines Kapitalgebers ausfallen, sein Geld in dieses Unternehmen zu investieren.

WICHTIG:

Für Gründungsunternehmen bestehen verschiedene Möglichkeiten einer finanziellen Förderung. Auch für staatliche Förderungen muss aber ein durchdachtes Finanzierungskonzept vorliegen.

Die am häufigsten in Anspruch genommene Förderung für Gründungsunternehmen ist:

- Geförderte Kredite durch die KfW-Bank (**K**reditanstalt **f**ür **W**iederaufbau). Sie sind weitaus günstiger als Bankkredite, sind in den ersten Jahren tilgungsfrei und werden im Regelfall auch ohne vorhandenes Eigenkapital genehmigt.

Finanzierung für bereits agierende Unternehmen

Im Unternehmen stehen notwendige Investitionen an. Doch wie soll das bezahlt werden? Die Unternehmensführung muss jetzt entscheiden, ob für diese Investitionen **Fremdkapital** aufgenommen oder **Eigenkapital** herangezogen werden soll. Grundlage hierfür ist eine normale betriebswirtschaftliche Überlegung, z. B. eine betriebliche Umstrukturierung, die sogar zu einer Schlüsselaufgabe jeder Unternehmensführung werden kann. Manchmal können sogar steuerliche Vorteile den Ausschlag geben, eher eine Fremdfinanzierung zu wählen, als Eigenkapital einzusetzen.

WICHTIG:

Ein funktionierendes Finanzmanagement dient der Liquiditätssicherung für jedes Unternehmen!

Die Betriebswirtschaftslehre beschreibt einen Finanzierungsvorgang sehr detailliert. Dabei wird zwischen einer **Eigenfinanzierung** und einer **Fremdfinanzierung** unterschieden. Im Ergebnis werden **unterschiedliche Finanzierungsarten** beschrieben, die auf den ersten Blick etwas verwirrend erscheinen können:

Innenfinanzierung durch Fremdfinanzierung
→ Finanzierung erfolgt über Rückstellungen!

Innenfinanzierung durch Eigenfinanzierung
→ Finanzierung erfolgt über eigene Finanzmittel!

Außenfinanzierung durch Fremdfinanzierung
→ Finanzierung erfolgt über klassische Bankkredite!

Außenfinanzierung durch Eigenfinanzierung
→ Finanzierung erfolgt durch eine sogenannte Beteiligungsfinanzierung!
Auf den ersten Blick wirken diese Finanzierungsarten etwas verwirrend. Etwas genauer betrachtet werden sie aber verständlicher.

Innenfinanzierung

Bei der Innenfinanzierung wird **kein externer Geldgeber** benötigt, da **verfügbares innerbetriebliches Kapital** verwendet wird.

Die Art der Eigenfinanzierung wird betriebswirtschaftlich durch zwei Formen beschrieben:

Die Finanzierung durch Vermögenszuwachs
Hierbei kann es sich um eine sogenannte **offene** oder **stille** Selbstfinanzierung handeln.

- Bei der **offenen** Selbstfinanzierung werden Gewinne nicht an Eigentümer des Unternehmens ausgezahlt, sondern auf einem eigenen Unternehmenskonto „geparkt" und bei Bedarf eingesetzt.
- Bei der **stillen** Selbstfinanzierung werden Rücklagen gebildet, die nicht aus dem operativen Geschäft des Unternehmens stammen (Gewinne!). Stattdessen werden Vermögenswerte des Unternehmens bilanztechnisch unterbewertet, Verbindlichkeiten dagegen überbewertet.

Die Finanzierung durch Vermögensumschichtung
Bei dieser Form der Selbstfinanzierung gibt es wiederum vier Varianten:

- Nutzung von **Abschreibungen aus Investitionsgütern**, die danach zwar die Gewinn-und-Verlust-Rechnung des Unternehmens, nicht aber die liquiden Finanzmittel beeinflussen. Das bedeutet: Das Kapital der Investitionsgüter steht als Bargeld für eine Finanzierung zur Verfügung.
- Finanzierung aus Rücklagen, die bereits für Investitionen der späteren Zukunft gebildet wurden. Dieses Kapital kann kurzfristig anderweitig genutzt werden. Wichtig ist dabei allerdings, dieses Kapital schnellstmöglich wieder aufzubauen, da sonst die späteren Investitionen gefährdet sind.
- Finanzierung aus freigesetztem Kapital, z. B. aus Grundstücken. Diese Veräußerung bringt umgehend freies Kapital für neue Investitionen.
- Finanzierung durch **Rationalisierungsmaßnahmen.** Hierbei lohnt sich der Blick auf die internen Abläufe. Möglichkeiten der Optimierung können zu innerbetrieblichen Einsparungen führen und somit frisch verfügbares Kapital freisetzen.

Außenfinanzierung

Wie dieser Begriff schon verrät, wird bei dieser Finanzierungsart das notwendige Kapital von **außerhalb des Unternehmens**, also extern, beigesteuert.

Eine Außenfinanzierung kann auf drei unterschiedliche Arten erfolgen:

- **Die Beteiligungsfinanzierung**

Dies ist eine einfache Art der Finanzierung. Der Kapitalgeber wird aufgrund seiner finanziellen Beteiligung (Einlage) in die Position eines Miteigentümers des Unternehmens versetzt und besitzt dadurch zukünftig auch ein Mitspracherecht bei sämtlichen Aktivitäten des Unternehmens. Diese Finanzierungsart findet insbesondere bei börsenorientierten Unternehmen seine Anwendung. So können auch mehrere Kapitalgeber in das Unternehmen einsteigen. Einlagen können so u. a. individuell bei Bedarf erhöht werden.

• **Die Eigenkapitalfinanzierung**
→ *Dieser Begriff darf nicht mit dem Begriff Eigenfinanzierung verwechselt werden!*
Bei der Eigenkapitalfinanzierung wird über drei Varianten das Eigenkapital des Unternehmens erhöht und somit freies Kapital verfügbar gemacht.

• Bei der **ersten Variante** handelt es sich um die **direkte Erhöhung des Firmenvermögens** durch **Vermögenswerte vom Inhaber des Unternehmens**. Diese Variante bietet einige Vorteile:

o Das Unternehmen muss keinen externen Kredit aufnehmen!

o Fällige Zinszahlungen entfallen dadurch!

o Es wird keine andere Finanzierungsart benötigt!

• Bei der **zweiten Variante** wird eine **unternehmerische Selbstfinanzierung** durchgeführt. Hierbei werden u. a. Gewinne aus dem laufenden Geschäftsjahr einbehalten oder stille Reserven des Unternehmens aufgelöst, die zuerst einmal das Kapital des Unternehmens erhöhen und dann direkt in die Finanzierung fließen können.

• Die **dritte Variante** wird auch häufig als **Beteiligungsfinanzierung** bezeichnet. Sie findet in der Regel bei GmbHs ihre Anwendung, das allerdings recht einfach durch Ausgabe weiterer Aktien = Anteile am Unternehmen.

• **Die Gläubigerfinanzierung**
Bei dieser Finanzierungsart wird Kapital durch Kredite in das Unternehmen geholt. Die klassische Form eines derartigen Kredits ist das Darlehen bei einer Bank. Durch Abschluss eines Darlehens wird die Bank automatisch zum Gläubiger gegenüber dem Unternehmen. Der Nachteil hierbei ist, dass das Kapital aus einem Kredit durch die anfallenden Zinszahlungen nicht als netto, sondern als brutto betrachtet werden muss, da zur Sicherheit Rücklagen für die Zinszahlungen angelegt werden müssen. Folglich ist diese Finanzierungsart nicht zu 100 Prozent verwendbar.

• **Die Mezzanine-Finanzierung**
Hierbei handelt es sich um eine **Mischform** bereits vorhandener Finanzierungsinstrumente. Daher wird die Mezzanine–Finanzierung von Finanzfachleuten nicht unbedingt als eigenständige Finanzierungsart gewertet. Insbesondere für Unternehmen, die nicht auf Bankkredite zugreifen können/wollen und gleichzeitig auch keine Abgabe von Firmenanteilen planen, ist die Mezzanine-Finanzierung eine interessante Alternative. Zwei besondere Merkmale der Mezzanine-Finanzierung stechen besonders hervor:

• die Langfristigkeit der Vereinbarung,

• die Nachrangigkeit bei einer Insolvenz.

HINWEIS:
Nachrangige Darlehen sind Finanzinstrumente, die bei einer Insolvenz bzw. Liquidation des Unternehmens hinter allen anderen Forderungen der Gläubiger zurückgestellt werden.

Vor- und Nachteile der Innen- und Außenfinanzierung

Die Vor- und Nachteile lassen sich am besten durch ein einfaches Beispiel erklären.

Es gilt folgendes Szenario:
Das Unternehmen „XY“ plant die Anschaffung einer neuen Maschine für die Fertigung.

Option Innenfinanzierung:

Das Unternehmen „XY“ plant den Kauf einer neuen Maschine für die Fertigung.

Ausgangssituation: Das Geschäftsjahr wurde mit einem Gewinn in Höhe von 350.000 Euro abgeschlossen.

Geplante Innenfinanzierung: Die Unternehmensleitung beschließt, den Jahresgewinn von 350.000 Euro vorerst zurückzustellen. Der Kauf dieser Maschine wird buchhalterisch eingeleitet und durch eine Teilsumme der zurückgestellten 350.000 Euro bezahlt.

Vorteil: Der Kauf der Maschine kann durch eigenes, vorhandenes Kapital erfolgen!
Nachteil: Kapital aus Rückstellungen ist besonderen Regelungen des Handelsrechts unterworfen.

Option Außenfinanzierung:

Das Unternehmen „XY" plant die Anschaffung einer neuen Maschine für die Fertigung.
Ausgangssituation: Für den Kauf dieser Maschine steht aktuell kein Kapital zur Verfügung.

Geplante Außenfinanzierung: Die Unternehmensleitung plant, für den Kauf dieser Maschine einen Kredit bei der Hausbank des Unternehmens aufzunehmen. Aufgrund der ausgezeichneten Bonität wird dieser Kredit auch genehmigt. Der Kauf dieser Maschine wird eingeleitet und durch die Kreditsumme bezahlt.

Vorteil: Der Kauf der Maschine kann durch das zur Verfügung gestellte Kapital aus dem Kredit umgehend erfolgen.
Nachteil: Für den Kredit werden monatliche Zinszahlungen fällig. Dadurch verteuert sich die ursprünglich aufgenommene Kreditsumme.

KAPITALSTRUKTUR

Mit dem Begriff Kapitalstruktur wird die **Zusammensetzung des Gesamtkapitals** eines **Unternehmens** beschrieben.

Belegt wird die Kapitalstruktur durch die jährliche Bilanz des Unternehmens, erkennbar auf der Passivseite (Passiva). An den Bilanzkennzahlen lässt sich erkennen, in welchem Verhältnis Eigen- und Fremdkapital das Unternehmen finanzieren. **Die Kapitalstruktur lässt sich durch zwei Varianten darstellen:**

- die horizontale Kapitalstruktur,
- die vertikale Kapitalstruktur.

Beide Varianten legen die Kapitalstruktur eines Unternehmens auf unterschiedliche Weise offen. Die horizontale Variante beschreibt, inwieweit das Eigenkapital des Unternehmens das Anlagevermögen (Vermögensgegenstände, die dem Unternehmen dauerhaft im Geschäftsbetrieb dienen) und das Umlaufvermögen (sämtliche liquide Mittel des Unternehmens, z. B. Bargeld, Wertpapiere, Lagerbestände) abdeckt. Mathematisch betrachtet lässt sich die Berechnung einer Kapitalstruktur recht einfach mit folgender Formel darstellen:

Eigenkapital : Fremdkapital = Kapitalstruktur

Rechtsform und Compliance

Beide Begriffe werden häufig in einem Atemzug genannt. Das mag daran liegen, dass beide Begriffe eng mit dem Thema Recht verbunden sind. Sie beschreiben allerdings unterschiedliche Aspekte innerhalb eines Unternehmens. Doch was versteht man nun darunter?

Bei der **Rechtsform** wird eine unternehmerische Tätigkeit mit einem rechtlichen Rahmen ausgestattet. Die Rechtsform wird, besser gesagt muss, zwingend mit Gründung eines Unternehmens festgelegt. In Deutschland kann bei Unternehmensgründung mittlerweile aus einer **Vielzahl von Rechtsformen** ausgewählt werden. Diese Wahl sollte aber grundsätzlich sehr bedacht durchgeführt werden, da Rechtsformen bestimmten Regeln bzw. Vorgaben unterliegen. Dazu zählen z. B. steuerliche, juristische und finanzielle Regeln bzw. Vorgaben.

Tipp:
Eine vollständige Auflistung aller Rechtsformen (auch die, die sich nicht auf Unternehmen beziehen) finden Sie auf der Internetseite Ihrer lokalen Industrie- und Handelskammer (z. B. IHK München, falls Sie in München wohnen) wieder. Diese ist auch bekannt als „IHK“. Ein kurzer Überblick erfolgt jedoch bereits im nächsten Kapitel.

Die **Compliance** dagegen beschreibt die **Rechtstreue** eines Unternehmens, also die Einhaltung von gesetzlichen Regelungen und Bestimmungen. Das kann sowohl in der Außendarstellung eines Unternehmens, z. B. bei der Einhaltung staatlicher bzw. regionaler Gesetze, als auch in der Innendarstellung bei der Einhaltung arbeitsrechtlicher oder betriebsinterner Vorschriften gelten.

Die Einhaltung von Compliance soll in den Unternehmen **verhindern, dass Verstöße gegen Rechtsnormen auftreten**, die der gesetzlichen Strafverfolgung unterliegen und ggf. mit (hohen) Bußgeldern belegt werden. Letzteres sorgt bei Bekanntwerden des Vergehens im Regelfall für schwerwiegende Skandale und wirtschaftliche Verluste des Unternehmens.

Auswahl unterschiedlicher Rechtsformen

In Deutschland werden Rechtsformen eines Unternehmens in zwei Bereiche gegliedert: **Personengesellschaften** und **Einzelunternehmen.**

Aufgrund fehlender bzw. vereinfachter Regelungen handelt es sich hierbei um die am **häufigsten genutzte Rechtsform** in Deutschland. Da für die Gründung keine gesetzlichen Vorgaben eingehalten werden müssen, ist das ein großer **Vorteil.**

- Ein Eintrag ins Handelsregister muss erst nach einem gesetzlich vorgegebenen Mindestumsatz und einer vorgegebenen Anzahl von Mitarbeitern erfolgen.
- Ein Stammkapital ist bei Einzelunternehmen nicht erforderlich.
- Bei einem Umsatzerlös (jeweils nach zwei aufeinander folgenden Geschäftsjahren) von unter 600.000 Euro und einem Überschuss von unter 60.000 Euro ist keine Buchführung zwingend erforderlich.

Wo es Vorteile gibt, muss aber auch mit **Nachteilen** gerechnet werden:

- Es gibt nur einen Inhaber des (Einzel-) Unternehmens.
- Der Inhaber haftet allein mit seinem Privatvermögen.

Weitere weit verbreitete Rechtsformen sind ebenfalls:

A) <u>Offene Handelsgesellschaft, abgekürzt OHG:</u>

Bei der OHG handelt es sich um eine sogenannte **„gemeinschaftliche Firma“.** An ihrer Gründung müssen **mindestens zwei Personen** beteiligt sein. Bei diesen Personen muss es sich zwingend um **registrierte Kaufleute** handeln!

WICHTIG:

Sie müssen nicht gleichberechtigt auftreten. Betreiber von Kleingewerben sind dagegen nicht berechtigt, eine OHG zu gründen. Mit Gründung einer OHG ist kein Mindestkapital notwendig, allerdings haften wie bei einem Einzelunternehmen alle Gründer mit ihrem privaten Vermögen.

B) Gesellschaft des bürgerlichen Rechts, abgekürzt GbR:
Die GbR **ähnelt** in den meisten Teilen der OHG. Die Unterschiede liegen darin: Die GbR unterliegt den Vorgaben des BGB (**B**ürgerliches **G**esetz**b**uch).

• Alle Gründer treten gleichberechtigt auf.

• Ein Gesellschaftervertrag ist zwar nicht verpflichtend, sollte aber im Vorfeld der Gründung abgeschlossen werden. Eine notarielle Beglaubigung ist dabei nicht erforderlich.

• Alle Eigentümer (Gesellschafter) haften mit ihrem Privatvermögen.

C) Kommanditgesellschaft, abgekürzt KG:
Zur Gründung einer KG sind **mindestens zwei Personen** bzw. **Personengruppen** notwendig, die als **Komplementär bzw. Kommanditist(en)** auftreten. Sie unterscheiden sich in ihren Funktionen:

• Der vollhaftende **Komplementär** führt das Geschäft des Unternehmens und besitzt das alleinige Entscheidungsrecht. Er haftet mit seinem Privatvermögen.

• Der teilhaftende **Kommanditist / die Kommanditisten** beteiligen sich lediglich finanziell. Er / Sie haftet bzw. haften lediglich mit ihrer finanziellen Einlage.

Ein abzufassender Gesellschaftervertrag ist **im Regelfall an keine Vorschriften gebunden**. Eine **Ausnahme** bildet die Übertragung einer Immobilie oder eines Grundstückes als Einlage durch den Komplementär. Im Regelfall entsteht diese Situation aufgrund eines finanziellen Mangels des Komplementärs. Das könnte aber bereits bei notwendigen Krediten durch Banken zu Problemen führen, da die Gefahr besteht, bei einer Insolvenz die Kreditsumme nicht komplett eintreiben zu können.

D) Stille Gesellschaft:
Hierbei handelt es sich um einen **einfachen Zusammenschluss mehrerer Personen**, die aber **nicht als Handelsgesellschaft** auftreten. Zur Gründung sind keine besonderen Verträge notwendig. Die Teilhabe an einer stillen Gesellschaft schließt entweder eine Kapital- oder Sacheinlage ein. Dafür ist ein stiller Gesellschafter, je nach Kapital- bzw. Sacheinlage, am möglichen Gewinn beteiligt, haftet aber auch mit seiner Kapital- bzw. Sacheinlage.

E) Kapitalgesellschaften

Gesellschaft mit beschränkter Haftung (GmbH):
An die Gründung **einer GmbH** sind mehrere Bedingungen geknüpft:

- Erforderlich ist ein Stammkapital von **mindestens 25.000 Euro**.
- Es muss zwingend ein **notariell beglaubigter Gesellschaftervertrag** abgeschlossen werden.
- Die GmbH muss in das **Handelsregister** eingetragen werden.

Eine GmbH kann durch **mehrere Personen** gegründet werden. Zusammen treten sie als Gesellschafter auf und müssen ein Einlagevermögen von 25.000 Euro bereitstellen. Je nach Anteil der Einlage haften die Gesellschafter auch bei einer Insolvenz. Nur in rechtswirksamen Ausnahmen, z. B. Betrug, kann auf das Privatvermögen der Gesellschafter zurückgegriffen werden.

Gut zu wissen: Eine **Sonderform der GmbH** ist die **Unternehmergesellschaft (UG).** Sie kann bereits mit einer Einlage von 1,00 Euro gegründet werden, ist aber gesetzlich zur Bildung von Rücklagen verpflichtet. Diese Pflichtrücklage wird erst dann aufgehoben, wenn das Stammkapital von 25.000 Euro erreicht ist.

GmbH & Co. KG:
Hierbei handelt es sich um eine Rechtsform, die bei genauer Betrachtung zwei völlig unterschiedliche Rechtsformen miteinander verknüpft.
Zum einen ist das die bereits vorgestellte **GmbH**, zum anderen die ebenfalls schon vorgestellte **KG**. Die GmbH & Co. KG könnte folglich als **Mischform** unter den Rechtsformen betrachtet werden, wenn der Gesetzgeber nicht **klare Regeln** definiert hätte.

Durch diese Regeln bleibt die GmbH & Co. KG rechtlich betrachtet eine **Kommanditgesellschaft** und somit eine **Personengesellschaft**. Anders als bei der KG, in der eine natürliche Person als Komplementär auftritt und dieser mit seinem Privatvermögen haftet, tritt bei der KG eine GmbH als Komplementär auf. Eine GmbH & Co. KG kann **rechtlich nicht als Komplementär auftreten**, da sie **keine natürliche Person** darstellt. So haftet die GmbH & Co KG lediglich mit ihrer Einlage, dem Gesellschaftsvermögen.

WICHTIG:
Die Rechtsform einer GmbH & Co. KG ist nur in Deutschland und Österreich zugelassen!

Aktiengesellschaft (AG):
Eine AG wird in den **Bereich der Kapitalgesellschaften** eingruppiert und tritt als **juristische Person** auf. Dadurch muss eine KG einerseits bestimmte Pflichten einhalten und kann andererseits nur bestimmte Rechte ausüben.

Das **Mindeststammkapital** einer AG beträgt **50.000** Euro. Dieses Kapital wird in **Aktien** umgewandelt und entweder an der Börse oder alternativ am freien Markt gehandelt. Die Inhaber von Aktien werden als **Aktionäre** geführt, die gewisse Rechte innerhalb der AG wahrnehmen können. Die beiden wichtigsten Rechte sind das **Mitbestimmungsrecht**, das bei den jährlichen ordentlichen Hauptversammlungen genutzt werden kann, und, für Aktieninhaber besonders wichtig, die **Gewinnbeteiligung** am Unternehmen. Letzteres wird als **Dividende** bezeichnet.

Die Haftungsverpflichtung ist lediglich auf das **Vermögen der Gesellschaft** beschränkt. Ein Zugriff auf Privatvermögen ist nicht zulässig.
Für die Eintragung ins Handelsregister ist ein notarieller Gesellschaftsvertrag, Gegenstand der Tätigkeit, Firmensitz der AG und die Anzahl der ausgegebenen Aktien erforderlich. Die unternehmerische Führung einer AG wird von drei Organen wahrgenommen:

- Vorstand (führt die Geschäfte der AG),
- Aufsichtsrat (überwacht die Arbeit des Vorstandes),
- Hauptversammlung (wird von den Aktionären gebildet).

Kommanditgesellschaft auf Aktien (KGaA):
Bei dieser Rechtsform handelt es sich erneut um eine **Verbindung zweier separater Rechtsformen**, der **Aktiengesellschaft (AG)** und der **Kommanditgesellschaft (KG).** Der Vorstand einer KGaA setzt sich aus persönlich haftenden Gesellschaftern **(Komplementäre)** zusammen, die auch mit ihrem **Privatvermögen** für Verbindlichkeiten der KGaA haften müssen. Die Aktionäre der KGaA **(Kommanditisten)** dagegen haften nur bis zur Höhe ihrer **Einlagen**.

Eingetragene Genossenschaft (eG):
Obwohl mit Gründung einer eG **kein Stammkapital** eingezahlt werden muss, ist sie mit den Rechtsformen einer GmbH bzw. einer AG vergleichbar. Für die Gründung einer eG sind **mindestens drei Personen** notwendig. Die eG wird in das **Genossenschaftsregister** eingetragen und muss mit einer Satzung ausgestattet werden, die die gesetzlichen Bestimmungen erfüllen muss.

COMPLIANCE

Das englische Wort Compliance **(Einhaltung)** beschreibt besonders wichtige Aufgaben, denen sich heutzutage jedes Unternehmen stellen muss. Dazu zählen unter anderem:

- die Einhaltung von gesetzlichen/behördlichen Vorschriften,
- die Kontrolle der Richtlinien im Unternehmen,
- die Umsetzung ethischer Grundsätze.

Die Einhaltung und Umsetzung von Compliance soll **verhindern,** dass ein Unternehmen **gesetzeswidrig handelt**. Dies könnte zu empfindlichen Konsequenzen für ein Unternehmen führen, z. B. Schadensersatzforderungen, Strafverfahren, Geldstrafen oder Umsatzeinbußen. Besonders schwere Verstöße gegen Compliance können sogar für Inhaber, Geschäftsführer oder leitende Angestellte erhebliche persönliche Konsequenzen nach sich ziehen.

Compliance-Management-System

Um Compliance in einem Unternehmen einzuführen, steht einer Unternehmensleitung das Compliance-Management-System (kurz: CMS) zur Verfügung, ein professionell ausgearbeitetes System, mit dem sämtliche Aktivitäten von der Planung bis zur Überwachung unterstützt werden. Dazu zählen u. a. eine intensive Compliance-Risikoanalyse im Unternehmen und die daraus resultierenden Maßnahmen zur Minimierung dieser Risiken.

Um CMS im Unternehmen einzuführen, ist es allerdings nicht mit der Einführung dieses Systems getan, **denn CMS muss im Unternehmen „gelebt" werden!**

CMS kann nur positiv wirken, wenn die Unternehmensführung es vorlebt, damit die Mitarbeiter dieses System als Unternehmenskultur verstehen und wahrnehmen können. Arbeitswissenschaftler haben mittlerweile festgestellt, dass sich Mitarbeiter durch eine positiv gelebte CMS-Unternehmenskultur stärker mit den Werten eines Unternehmens auseinandersetzen.

Bestandteile des Compliance-Management-Systems

Zur Umsetzung und Einhaltung von CMS steht einer Unternehmensleitung ein umfangreiches Paket zur Verfügung. Dazu gehören z. B.:

- eine Risikoanalyse, die helfen soll, Schwachpunkte im Unternehmen zu erkennen und Gegenmaßnahmen zu entwickeln;

- ein CMS-Regelwerk, mit dem Compliance-Anforderungen genau beschrieben werden, damit die Umsetzung so einfach wie möglich betrieben werden kann;
- eine Aufgabenbeschreibung für einen Compliance-Beauftragten. Diese Person soll für die Einführung und Umsetzung der Compliance-Regeln verantwortlich sein, untersteht direkt der Geschäftsleitung und berichtet auch nur an diese;
- ein Reporting–System, mit dem ein Compliance-Beauftragter der Geschäftsleitung zielgerichtet Bericht erstatten kann;
- Hinweise für Schulungsmaßnahmen im Unternehmen. Regelmäßige Schulungen sind besonders wichtig, um die Mitarbeiter dauerhaft für CMS zu sensibilisieren. Nur so kann CMS dauerhaft im Unternehmen umgesetzt werden.

Arten des Compliance-Management-Systems

CMS ist zwar ein umfassendes System, gleichwohl gibt es unterschiedliche Arten, die verschiedene Bereiche abdecken. Dies ist insbesondere für Unternehmensleitungen interessant, die ggf. nur in Teilbereichen CMS einführen wollen. Zu diesen Arten zählen:

- **Legal Compliance (LC)**
Hiermit soll die **Einhaltung der staatlichen Gesetze und Vorschriften** überwacht werden. Ziel soll dadurch sein, Verstöße gegen Gesetze und Vorschriften zu verhindern, um Bußgeldzahlungen zu vermeiden.

- **Regulatory Compliance (RC)**
Hiermit soll die **Einhaltung der behördlichen (regionalen) Vorschriften** überwacht werden. Ziel soll dadurch sein, die Anforderungen der Behörden zu erfüllen, um die Geschäftstätigkeit des Unternehmens zu sichern.

- **Legal Compliance Management System (LCMS)**
Hierbei handelt es sich um eine Software-Lösung, die dazu beiträgt, dass **rechtliche Vorschriften** im Unternehmen strukturiert, gemanagt und umgesetzt werden.

- **IT-Compliance (ITC)**
Hiermit soll die **Einhaltung sämtlicher Regeln und Vorschriften innerhalb der Informationstechnologie** geregelt werden. Besonders wichtig sind dabei die geltenden Datenschutzgesetze.

- **Arbeitsrecht-Compliance (AC)**
Wie die Bezeichnung schon andeutet, soll hiermit die **Einhaltung gesetzlicher Arbeitsvorschriften** überwacht werden.

Einführung des Compliance-Management-Systems im Unternehmen

Die Einführung von CMS im Unternehmen sollte grundsätzlich in **mehreren Schritten** erfolgen. Eine sofortige, ganzheitliche Einführung macht wenig Sinn, da die Erkenntnisse der einzelnen Schritte sich in einem Gesamtprozess ergänzen.

Schritt 1: Die Risikoanalyse

Mit einer Risikoanalyse erhält man den ersten **Überblick über die Gesamtsituation** im Unternehmen. Untersucht werden sämtliche Geschäftsprozesse. Ziel soll es sein, vorhandene Compliance-Risiken aufzudecken und nach ihrer Wichtigkeit/Bedeutung zu bewerten.

WICHTIG!

Um eine Risikoanalyse wertfrei durchführen zu lassen, empfiehlt es sich, diese Analyse von einer betriebsfremden Person, z. B. einem Unternehmensberater, durchführen zu lassen.

Schritt 2: Der Maßnahmenplan

Aus den Erkenntnissen der Risikoanalyse müssen zwangsläufig Maßnahmen entwickelt werden, die den Bedürfnissen des Unternehmens entgegenkommen. Die folgenden Schritte sollten parallel laufen!

Schritt 3: Die Umsetzung

Wichtig ist bei diesem Schritt, nicht alle Maßnahmen auf einmal umzusetzen, sondern stattdessen gezielt Schritt für Schritt vorzugehen. Es kann davon ausgegangen werden, dass einige Risiken abteilungsübergreifend bearbeitet werden müssen. Die Umsetzung der Maßnahmen kann nur erfolgen, wenn das Bewusstsein dieser Maßnahmen bei den Mitarbeitern vorhanden ist. Das Bewusstsein für Compliance lässt sich durch entsprechende Schulungen stärken.

Schritt 4: Die Kontrolle

Es dürfte selbstredend sein, dass neu einzuführende Maßnahmen überprüft werden müssen – zum einen in der realen Umsetzung, zum anderen auch im fixierten Zeitablauf. Nur so wird eine dauerhafte Effektivität gewährleistet. Auf Basis der Ergebnisse der Kontrollmaßnahmen können auch neue Problemlösungen entwickelt werden.

Verträge

Unter einem Vertrag versteht man eine **Vereinbarung zwischen mindestens zwei Personen bzw. Vertragsparteien**. Eine Vereinbarung bedeutet allerdings nicht, dass diese schriftlich fixiert sein muss. In der deutschen Rechtsprechung gilt die eiserne Regel, dass Verträge **nicht schriftlich fixiert werden müssen**. Selbst die mündliche Vereinbarung oder die telefonische Beauftragung, z. B. eines Handwerkers, und auch der wöchentliche Einkauf im Supermarkt sind nichts anderes als Verträge. Dabei spielt der Vertragswert keine Rolle, um einen schriftlich aufgesetzten Vertrag zu rechtfertigen. Allerdings gibt es einige Fälle, bei denen die **Einzelheiten eines schriftlich vereinbarten Vertrages** wichtig werden könnten. Dies gilt insbesondere auch dann, wenn Vertragsinhalte ggf. **beweispflichtig** werden können oder **arbeitsrechtliche Inhalte** definiert werden müssen. Aber noch einmal: Eine schriftliche Vertragspflicht besteht auch in diesen Fällen nicht! Lediglich bei einigen wenigen Vertragsformen sind **gewisse Formen** durch den Gesetzgeber **rechtlich und verpflichtend** vorgeschrieben. Dazu gehören z. B.:

- der Kauf eines Grundstückes oder einer Wohnung, der notariell beurkundet werden muss;
- der vereinbarte Arbeitsvertrag, bei dem gesetzliche Vorgaben, z. B. Kündigungszeiten, vorgeschrieben sind;
- die Schenkungen, die notariell beurkundet werden müssen;
- die Anfertigung eines Testaments. Hierbei gilt sogar, dass es von der bezugnehmenden Person nicht nur handschriftlich aufgesetzt wird, sondern zum Schluss auch eigenhändig unterschrieben wird. Diese Vorgaben entfallen allerdings teilweise, wenn das Testament durch einen Notar aufgesetzt wird. Die eigenhändige Unterschrift entfällt allerdings nicht.

Vertragsrecht

Durch das Vertragsrecht wird der **rechtliche Rahmen** für alle Vertragsformen geregelt. Allerdings hat der Gesetzgeber **keinen eigenen Gesetzbereich** im bundesdeutschen Rechtswesen vorgesehen. Geregelt werden die Grundlagen, Vorschriften und Regelungen des Vertragsrechts durch das **Bürgerliche Gesetzbuch (BGB),** gegliedert in eine Vielzahl einzelner Kapitel. Das BGB beinhaltet mehr als 2.400 Einzelparagrafen, gegliedert in eine Vielzahl einzelner Kapitel, die die Rechte und Pflichten sowohl von Privatpersonen als auch von Unternehmen regeln. Durch die Komplexität des BGB ist es für Unternehmen nicht einfach, den Geschäftsablauf sicher und rechtskonform abzuwickeln. Das beruht schon allein darauf, dass Unternehmen im Gegensatz zu Privatpersonen keinen Bestimmungen des Verbraucherschutzes unterliegen. Unternehmen, die sich rechtskonform am Markt bewegen wollen, haben im Regelfall einen eigenen Bereich / einen eigenen Mitarbeiter, der sich mit dem bundesdeutschen Vertragsrecht beschäftigt.

VERTRAGSMANAGEMENT

Durch das **Vertragsmanagement**, häufig auch als **Contract Lifecycle Management** (CLM) bezeichnet, werden sämtliche Prozesse einer **rechtskonformen Vertragsabwicklung**, beginnend mit der Vertragsverhandlung und endend mit dem Vertragsabschluss, erfasst und überwacht. Ein optimal umgesetztes Vertragsmanagement bietet die Grundlage für das betriebswirtschaftliche Handeln eines Unternehmens. **Das Vertragsmanagement lässt sich in zwei Bereiche gliedern:**

- Vertragsverwaltung (beschäftigt sich mit der gesamten Vertragsausführung)
- Vertragscontrolling (beschäftigt sich mit der Risikobewertung eines Vertrages)

Vertragsverwaltung

Zu den typischen Aufgaben einer **Vertragsverwaltung** zählen u. a.:

- Ausarbeitung von Vertragsentwürfen auf der Grundlage der Vertragsverhandlungen;
- Prüfung der externen Verträge von Geschäftspartnern;
- Prüfung und Bewertung vorliegender Angebote;
- Überwachung der Vertragserfüllung, insbesondere Fristen und Termine;
- Darstellung der wichtigsten Vertragsbestandteile als Arbeitsgrundlage für Unternehmensbereiche, die zur Erfüllung des Vertrages involviert sind;
- korrekte Rechnungsstellung an Kunden;
- Prüfung eingehender Rechnungen von Kunden;
- Archivierung von Rechnungen (manuell oder elektronisch).

Vertragscontrolling

Der **Schwerpunkt des Vertragscontrollings** liegt im **Sammeln von Informationen**, die eine **Bewertung** eines Vertrages, insbesondere der externen Verträge, zulassen. Im Ergebnis kann/soll dadurch eine **Risikobewertung** eines Vertrages vorgenommen werden. Durch diese Bewertung lassen sich mögliche Risiken, die Wahrscheinlichkeit, dass diese Risiken auch eintreten, und daraus resultierende Auswirkungen ermitteln. Diese Erkenntnisse helfen der Unternehmensführung, fundierte Entscheidungen vor einem möglichen Vertragsabschluss zu treffen.

Vertragsrisiken

Ein Vertrag zwischen zwei (oder mehreren) Parteien birgt immer **Risiken,** insbesondere wenn ein Vertragspartner seinen Verpflichtungen nicht nachkommt oder aus besonderen Gründen nicht nachkommen kann. Vertragsrisiken können zwar vielfältig sein, beschränken sich aber meistens auf **fünf Risikofaktoren**:

Das finanzielle Risiko

Hierbei kann es sich z. B. um versäumte Fristen handeln, die Regressansprüche auslösen und im Ergebnis zu **finanziellen Einbußen** führen können. Es ist also ratsam, **Alternativen für derartige Situationen in einen Vertrag einzubinden**. Dabei könnte es sich z. B. um automatische Frist-/Vertragsverlängerungen oder auch festgeschriebene Entschädigungszahlungen, die bereits vor Vertragsunterschrift kalkuliert werden können, handeln.

Das rechtliche Risiko

Bei dem am häufigsten eintretenden rechtlichen Risiko handelt es sich um die **Nichteinhaltung von vertraglichen Verpflichtungen**, die dann vertragsmäßig vereinbarte Strafklauseln nach sich ziehen. Bei diesen Klauseln muss es sich nicht immer um finanzielle Strafen handeln. Es könnte z. B. auch vereinbart sein, dass bei Nichteinhaltung des Vertrages der betroffene Vertragspartner umgehend den Vertrag aufkündigen kann. Bereits bei **der unklaren Ausarbeitung** eines Vertrages können rechtliche Risiken auftreten, insbesondere wenn es sich um Vertragsbestandteile handelt, die das geistige Eigentum einer Vertragspartei betreffen.

Das datentechnische Risiko

Sollten z. B. **Bestandteile eines Vertrages zwischen zwei Vertragspartnern Dritten bekannt werden** und daraus möglicherweise rufschädigende oder finanzielle Auswirkungen für einen Vertragspartner entstehen, kann dies zu schwerwiegenden Folgen für ein Unternehmen führen. Dieses **Sicherheitsrisiko** kann auf unterschiedliche Weise auftreten, z. B.:

- die Vertragsunterlagen werden generell unsachgemäß verwahrt,
- vertrauliche Vertragsbestandteile werden unverschlüsselt abgespeichert,
- vertrauliche Vertragsbestandteile werden durch nicht gesicherte E-Mails verschickt.

Das technische Risiko

Hierbei werden **sämtliche schädigende Einwirkungen** auf die **Unternehmenstechnologie** berücksichtigt, z. B. mögliche Strom- und Internetausfälle, Sachbeschädigungen oder auch ganz simple Sicherheitslücken.

Das externe Risiko

Wie die Bezeichnung schon andeutet, handelt es sich bei diesem Sicherheitsrisiko um Faktoren, die nicht direkt von einem Vertragspartner ausgelöst werden. Dazu zählen z. B. Naturkatastrophen oder Pandemien. Sie sind also nicht immer vorhersehbar und können nicht einkalkuliert werden.

ARBEITSRECHTLICHE BESTIMMUNGEN

Die **Arbeitsrechtgesetze** regeln die Zusammenarbeit zwischen dem Arbeitgeber und dem Arbeitnehmer. Zum einen regeln die Arbeitsrechtgesetze die Rechte und Verpflichtungen beider „Parteien" zueinander, zum anderen sollen sie ein ausgeprägtes Machtgefälle verhindern. **Das deutsche Arbeitsrecht gliedert sich in vier große Bereiche:**

1. Das individuelle Arbeitsrecht

Das individuelle Arbeitsrecht regelt die Situation am Arbeitsplatz zwischen Arbeitgebern und Arbeitnehmern. Hierzu gehören z. B.:

- der rechtskonforme Arbeitsvertrag,
- der Anspruch auf Urlaub inkl. Entgeltfortzahlung,
- das Kündigungsschutzgesetz inkl. der einzuhaltenden Fristen,
- die Entgeltfortzahlung im Falle einer Krankheit.

Gegliedert ist das individuelle Arbeitsrecht in mehrere, themengebundene Gesetze. Dazu gehören u. a.:

Allgemeines Gleichbehandlungsgesetz (AGG)

Durch das AGG soll verhindert werden, dass Menschen Benachteiligungen am Arbeitsplatz erfahren müssen. **Hierzu zählen z. B. Diskriminierung aufgrund**

- ihrer ethnischen Herkunft,
- ihrer Religion,
- ihres Geschlechts,
- ihres Alters,
- ihrer Behinderung,
- ihrer sexuellen Orientierung.

Arbeitnehmerüberlassungsgesetz (AÜG)

Arbeitnehmer können durch ihren aktuellen Arbeitgeber für einen begrenzten Zeitraum an einen anderen Arbeitgeber **„ausgeliehen" / überlassen"** werden. Dabei bleibt der Arbeitsvertrag mit allen Rechten und Pflichten beim aktuellen Arbeitgeber **bestehen,** die Arbeitsleistung wird allerdings beim anderen, dem entleihenden, Arbeitgeber erbracht.

Bundesurlaubsgesetz (BurlG)
Mit BurlG wird gesetzlich festgelegt, dass alle Arbeitnehmer einen Anspruch auf einen **Erholungsurlaub** haben, und zwar

- bei einer Arbeitswoche von sechs Tagen **mindestens** 24 Werktage,
- bei einer Arbeitswoche von fünf Tagen **mindestens** 20 Werktage.

Berechtigter **Sonderurlaub** ist von dieser Regelung **nicht betroffen**. Genauso können tarifliche Vereinbarungen von dieser grundsätzlichen Regelung **abweichen**.

Bürgerliches Gesetzbuch (BGB) – Auszug
Im BGB sind grundsätzliche Gesetze zum **Zivil- bzw. Privatrecht** hinterlegt. Da das Arbeitsrecht Bestandteil des Privatrechts ist, finden sich dort auch mehrere Gesetzestexte, die auch für das Arbeitsrecht wichtig sind.

Entgeltfortzahlungsgesetz (EFZG)
Regelt die **Zahlung eines Entgelts im Krankheitsfall** bzw. an **gesetzlichen Feiertagen**. Bei fristgerechter Krankmeldung (ab dem 4. Arbeitstag!) erhält der Arbeitnehmer eine Gehalts- bzw. Lohnfortzahlung für den Zeitraum von sechs Wochen. Individuell abgeschlossene Tarifverträge können die Meldefrist auf einen Tag reduzieren.

Kündigungsschutzgesetz (KschG)
Die Kündigung eines Mitarbeiters ist erst dann rechtswirksam, wenn sämtliche gesetzlichen Fristen eingehalten sind. Geregelt wird dies im BGB § 622.

Beispiele: Innerhalb einer **vereinbarten Probezeit** beträgt die **Kündigungsfrist zwei Wochen**. Nach **Ablauf der Probezeit** gilt eine Frist von **vier Wochen**, entweder zum 15. des Monats oder zum Monatsletzten. Diese Regel **verlängert** sich allerdings mit Dauer des vereinbarten Arbeitsvertrages. So beträgt die Kündigungsfrist bei einer Betriebszugehörigkeit von fünf Jahren bereits zwei Monate zum Monatsende, bei einer Betriebszugehörigkeit von zwanzig und mehr Jahren bereits sieben Monate zum Monatsende. Bei nachweislichem Diebstahl durch den Arbeitnehmer erfolgt eine außerordentliche sofortige Kündigung ohne Einhaltung einer Kündigungsfrist.

Mindestlohngesetz (MiLOG)
Das Mindestlohngesetz (MiLoG) ist ein Gesetz in Deutschland, das die Einführung eines allgemeinen gesetzlichen Mindestlohns regelt. Es ist am 1. Januar 2015 in Kraft getreten und legt den Mindestlohn fest, den Arbeitgeber ihren Arbeitnehmern zahlen müssen. Der Mindestlohn soll sicherstellen, dass Arbeitnehmer eine angemessene Vergütung für ihre Arbeit erhalten und so vor unangemessen niedrigen Löhnen geschützt werden.

Auszugsweise finden sich Teile des individuellen Arbeitsrechts auch noch in mehreren systematisch erstellten Zusammenfassungen eines Rechtsgebietes. Dazu gehören u. a.:

- o Bürgerliches Gesetzbuch (BGB) – Auszug,
- o Gewerbeordnung (GewO) – Auszug,
- o Handelsgesetzbuch (HGB) – Auszug.

2. Das kollektive Arbeitsrecht

Das kollektive Arbeitsrecht regelt die Beziehung zwischen Arbeitgebern und Vertretern der Arbeitnehmer, z. B. den Gewerkschaften. Auch das kollektive Arbeitsrecht ist in mehrere, themengebundene Gesetze gegliedert. Dazu gehören u. a.:

Tarifvertragsgesetz (TVG)
Dieses Gesetz bildet die Grundlage für das Zustandekommen und die Gültigkeit aller Vereinbarungen zwischen den Tarifpartnern.

Mitbestimmungsgesetz (MitbestG)
Durch das Mitbestimmungsgesetz wird die Zusammensetzung eines Aufsichtsrates bei Unternehmen mit mehr als 2.000 Mitarbeitern geregelt. Der Aufsichtsrat muss zu gleichen Teilen aus Anteilseignern und Arbeitnehmern bestehen. In der Gruppe der Arbeitnehmer müssen bei Unternehmen bis 20.000 Mitarbeiter mindestens zwei Vertreter der Gewerkschaft vertreten sein, bei mehr als 20.000 Mitarbeiter sogar drei Vertreter. Auch beim kollektiven Arbeitsrecht finden sich Teile in mehreren systematisch erstellten Zusammenfassungen eines Rechtsgebietes. Dazu gehören u. a.:

Betriebsverfassungsgesetz (BetrVG) – Auszug
Mit diesem Gesetz wird die Arbeit von Betriebsräten gesetzlich verankert. So regelt das BetrVG u. a.,

- in welchen Betrieben Betriebsräte gewählt werden müssen,
- welche Anzahl von Betriebsräten gewählt werden müssen,
- wann Betriebsräte von der Arbeit freigestellt werden müssen,
- ob ein oder mehrere Betriebsräte von der Arbeit freigestellt werden müssen.

3. Das Arbeitsschutzrecht

Das Arbeitsschutzrecht regelt einerseits die grundlegenden Pflichten und Überwachungen des Arbeitsschutzes durch den Arbeitgeber und andererseits die Rechte und Pflichten des Arbeitnehmers. Zu den wichtigsten Gesetzen zählen u. a.:

Arbeitsschutzgesetz (ArbSchG)
Dieses Gesetz regelt zum einen den sozialen, zum anderen den technischen Arbeitsschutz in Betrieben und behandelt dabei die Rechte und Pflichten von Arbeitgebern und Arbeitnehmern. Beim sozialen Arbeitsschutz wird der Arbeitnehmer in den Mittelpunkt gestellt. **Hierfür wird das ArbSchG z. B. mit folgenden Gesetzen verknüpft:**

Arbeitszeitgesetz (ArbZG)
Durch dieses Gesetz wird einerseits die in Deutschland zulässige Arbeitszeit pro Tag, pro Nacht, pro Woche und pro Monat geregelt, andererseits werden die daraus resultierenden Ruhezeiten (auch für Sonn- und Feiertage) festgelegt. Dieses Gesetz gilt für nahezu alle Arbeitnehmer in Deutschland. Ausgenommen hiervon sind einige Berufsgruppen, z. B. Chefärzte, Beamte, Soldaten, leitende Angestellte usw. Hier gelten gesonderte gesetzliche Regelungen, die individuell erfragt werden müssen.

Jugendschutzgesetz (JuSchG)
In diesem Gesetz sind Regelungen verankert, die verhindern sollen, dass Kinder und Jugendliche schädlichen Einflüssen ausgesetzt sind und werden. Das Gesetz gilt für Jugendliche bis zum 18. Lebensjahr. Allerdings sind einige Stufen eingebaut, die je nach Alter gewisse Aktivitäten zulassen. Dazu gehören u. a. die Themen Gaststättenbesuch, Tanzveranstaltungen, Rauchverbot, alkoholische Getränke usw.

Jugendarbeitsschutzgesetz (JArbSchG)
Dieses Gesetz gilt für Jugendliche im Alter zwischen 15 und 18 Jahren, die bereits im Berufsleben, z. B. als Auszubildender oder als Praktikant, beschäftigt sind. Durch das JArbSchG werden die täglichen Arbeitszeiten, einzuhaltende Ruhepausen, Wochenendarbeit usw. geregelt.

HINWEIS:
Für Personen unter 15 Jahren gilt die Kinderarbeitsschutz-verordnung.

Mutterschutzgesetz (MuSchG)
Werdende Mütter unterliegen besonderen Arbeitsregelungen. Zum einen dürfen nicht mehr alle Tätigkeiten (je nach Fortschritt der Schwangerschaft) ausgeübt werden, zum anderen soll die Gesundheit von Mutter und Kind gesichert werden. Mindestens sechs Wochen vor und acht Wochen nach der Geburt darf keine werdende bzw. entbundene Mutter beschäftigt werden.

4. Technischer Arbeitsschutz

Der **technische Arbeitsschutz** beschäftigt sich dagegen mit der Sicherheit der Mitarbeiter am Arbeitsplatz, innerhalb und außerhalb des Betriebes, und der Abwehr von Gefahren durch genutzte Technik. Berücksichtigung finden hierbei u. a.

- Arbeitsmittel,
- Baustellen,
- Ergonomie.

Zusätzlich finden sich weitere Teile als systematisch erstellte Zusammenfassung eines Rechtsgebietes, u. a. im:

Arbeitnehmer-Entsendegesetz (AEntG) – Auszug
Hiermit werden die Arbeitsbedingungen für Mitarbeiter, die von einem Arbeitgeber in Deutschland beschäftigt werden, dessen Hauptsitz sich allerdings im Ausland befindet, geregelt.

Des Weiteren finden sich systematisch erstellte Zusammenfassungen eines Rechtsgebietes im Sozial- bzw. Verfahrensrecht, u. a. im:

5. Sozialrecht

- Zweites Buch Sozialgesetzbuch – Grundsicherung für Arbeitssuchende (SGB II) – Auszug
- Drittes Buch Sozialgesetzbuch – Arbeitsförderung (SGB III) – Auszug
- Viertes Buch Sozialgesetzbuch – Vorschriften zur Sozialversicherung (SGB IV) – Auszug
- Fünftes Buch Sozialgesetzbuch – Gesetzliche Krankenversicherung (SGB V) – Auszug
- Sechstes Buch Sozialgesetzbuch – Gesetzliche Rentenversicherung (SGB VI) – Auszug
- Siebtes Buch Sozialgesetzbuch – Gesetzliche Unfallversicherung (SGB VII) – Auszug
- Neuntes Buch Sozialgesetzbuch – Reha und Teilhabe behinderter Menschen (SGB IX) – Auszug

6. Verfahrensrecht

Arbeitsgerichtsgesetz (ArbGG) – Auszug

Hiermit werden die Verfahren vor den drei Instanzen der jeweiligen Arbeitsgerichte geregelt. Bei den drei Instanzen handelt es sich um:

- das Arbeitsgericht = 1. Instanz,
- das Landesarbeitsgericht = 2. Instanz,
- das Bundesarbeitsgericht = 3. Instanz (Revisionsinstanz).

Zivilprozessordnung (ZPO) – Auszug

Die ZPO regelt sämtliche Vorschriften für ein reibungslos verlaufendes gerichtliches Verfahren. Unter anderem regelt die ZPO, welches Gericht an welchem Gerichtsbezirk für die Klage zuständig ist.

Insolvenzordnung (InsO) – Auszug

Durch die Insolvenzordnung wird das Verfahren geregelt, um Zahlungsunfähigkeiten von Unternehmen (auch Privatpersonen) abzuarbeiten. Dafür müssen eine Vielzahl von Richtlinien beachtet und mehrere Verfahrensstadien durchlaufen werden.

Effizientes Projekt- und Prozessmanagement

Unternehmen stehen immer wieder vor der Entscheidung, Ihre Ziele, z. B. Produkte erfolgreich am Markt zu platzieren, erfolgreich umzusetzen. Dabei stellen sich stets zwei wiederkehrende Fragen:

- Sollen die Ziele über Projekte erreicht werden?
- Sollen die Ziele über Prozesse erreicht werden?

Auf den ersten Blick lässt sich bei diesen Fragen kein Unterschied erkennen. Es dürfte doch gleich sein, ob das Ziel über ein Projekt oder einen Prozess erreicht wird. Falsch gedacht!

Ein Projekt und ein Prozess sind jeweils eigenständige Methoden, die unterschiedliche Zwecke und Eigenschaften beschreiben und dadurch auch unterschiedliche Einflüsse auf Erfolg und Effizienz einer Maßnahme mit sich bringen.

Unter einem **Projekt** versteht man einen zeitlich begrenzten Ablauf, bei dem Maßnahmen und Aufgaben bis zum Erreichen eines Ziels bzw. Produktes definiert werden, die aber einmalig und zeitlich begrenzt sind. Im Gegensatz zum Prozess ist ein Projekt einzigartig und hat einen definierten Start und ein zeitlich begrenztes Ende.

Unter einem **Prozess** versteht man einen strukturierten Ablauf, bei dem zwar auch alle festgelegten Maßnahmen und Aufgaben bis zum Erreichen eines Ziels oder Produktes definiert und abgedeckt werden. Prozesse können allerdings wiederholend eingesetzt werden, um jeweils Qualität bzw. Effizienz in Geschäftsabläufen zu erzielen, besser noch: zu steigern.

PROJEKTMANAGEMENT

Das Wort Projekt stammt aus dem Lateinischen und bedeutet frei formuliert „nach vorn geworfen“ oder, in den heutigen Sprachschatz interpretiert, „in die Zukunft gerichtet“. Im unternehmerischen Bereich wird ein Projekt mit einer **einmaligen Aufgabenstellung** definiert, die in einem **festgelegten Zeitraster** erledigt werden soll. Um dies zu gewährleisten und um das Ziel der Aufgabe aufgrund der Abstimmung aller Einzelschritte, der Komplexität der Arbeitsschritte, der möglicherweise auftretenden Risiken und der ungeplanten Schwierigkeiten nicht zu gefährden, benötigt man eine Führung, das

Projektmanagement. Die Umsetzung eines Projektmanagements erfolgt durch strukturierte Maßnahmen. Im Regelfall wird das Projektmanagement bis zur Zielerreichung in fünf Phasen gegliedert:

Phase 1: Grundlage des Projektes

Innerhalb dieser Phase werden **Ideen** und möglichst viele **Informationen** zum Projekt gesammelt. Gleichzeitig werden alle **Möglichkeiten** einer Umsetzung geprüft und bewertet. Im Ergebnis wird die **Machbarkeit** des Projektes beurteilt. Dies wäre die zwingende Grundlage für weitere Projektphasen.

Phase 2: Planung des Projektes

Die Machbarkeit des Projektes ist geklärt, die Anforderungen des Projektes sind dargelegt und das Ziel ist eindeutig definiert. Innerhalb dieser Phase wird nun das **Team zusammengestellt**, das dieses Projekt gemäß einem detaillierten Projektplan umsetzen soll. Dieser **Projektplan** beinhaltet u. a. das verfügbare **Budget**, die **Aufgabenverteilung** unter den Teammitgliedern, die **Terminisierung** eventueller Zwischenziele und des definierten Projektzieles.

Phase 3: Ausführung des Projektes

Die Aufgaben und Verantwortlichkeiten sind zugeordnet. Das Projektteam startet mit der **Ausführung** des Projektplans.

Phase 4: Kontrolle des Projektablaufs

Das planmäßige Erreichen von Zwischenzielen wird regelmäßig überwacht. Störungen im zeitlichen Ablauf werden umgehend signalisiert und Gegenmaßnahmen werden eingeleitet. Das zeitgerechte Erreichen des Ziels besitzt oberste Priorität.

Phase 5: Ende des Projektes

Nach Ende des planmäßig erreichten Ziels des Projektes erfolgt eine sachliche Bewertung des Projektablaufs. Erkenntnisse aus dieser Bewertung, gleich, ob positiv oder negativ, können in einem Folgeprojekt berücksichtigt werden.

Der Erfolg eines Projektmanagements hängt von einer funktionierenden, abteilungsübergreifenden Zusammenarbeit unterschiedlicher Fachbereiche des Unternehmens ab. Dazu zählen insbesondere die Bereiche Produktentwicklung, Vertrieb und Marketing, aber auch Montage und Service.

Vor- und Nachteile des Projektmanagements

Vorteile:

- die umfassende, zielgerichtete Planung zu Beginn des Projektes inkl. der Möglichkeit, genaueste Zeit- und Budgetplanungen einzuarbeiten
- perfekt geeignet für definierte Maßnahmen mit einer klaren, technischen Zielsetzung

Nachteile:

- Vor Start des Projektes müssen langwierige Vorarbeiten erfolgen.
- Während des Projektes sind oftmals keine größeren Anpassungen möglich.
- Auftretende Probleme können teilweise nur mit schwierigem und hohem Aufwand korrigiert werden.

Anforderungen an Projektmanagement-Methoden

Das Projektmanagement unterliegt einer **ständigen Weiterentwicklung**. So wurden im Laufe der letzten Jahre unterschiedliche Methoden eines Projektmanagements entwickelt, die einerseits alle unterschiedlich strukturiert sind, andererseits auch unterschiedliche Arbeitsabläufe erfordern und entsprechend unterschiedliche Ergebnisse hervorbringen. Genau hier fängt jetzt die Schwierigkeit an:

Wie wählt man die richtige Methode für das Unternehmen aus?

Es gibt allerdings einige Aspekte, die eine richtige Auswahl des passenden Projektmanagements erleichtern. Dazu zählen:

Die Branche des Unternehmens
Unternehmen aus der Technologiebranche sind z. B. täglichen Veränderungen häufiger ausgesetzt als Unternehmen des produzierenden Gewerbes. Deshalb eignet sich für diese Unternehmen eher eine flexible anstatt eine statische Methode, die sich z. B. eher für das produzierende Gewerbe eignen würde.

Der Schwerpunkt des Projektes
Welche Ziele sollen durch das Projekt erreicht werden? Werden dabei z. B. die Mitarbeiter als wichtiger angesehen als die Wirtschaftlichkeit? Hierfür eignet sich eher eine human ausgerichtete Methode. Je nach Schwerpunkt muss also hier eine dementsprechende **Anpassung** erfolgen.

Die Komplexität des Projektes
Ist das Projekt sehr komplex ausgerichtet? Ist es daher notwendig, diese Komplexität zunächst aufzulösen? Dann eignet sich eher eine Methode, die gezielt einen Arbeitsrahmen erstellt, der durch Analysen und Ergebnisse gestützt wird. Somit wird in einem durch Komplexität geprägten Projekt stets eine gewisse Ordnung garantiert.

Die Spezialisierung der Projektmitarbeiter
Liegt eine spezialisierte Rollenverteilung im Team vor? Können Mitarbeiter wechselseitig die gleichen Aufgaben eines Kollegen ohne Probleme übernehmen? Wenn die Antwort „Nein" lautet, ist eine Rollenverteilung notwendig, die auf die jeweilige Spezialisierung des einzelnen Mitarbeiters ausgerichtet ist. Falls Sie „Ja" lautet, können alle Mitarbeiter an allen Aufgaben im Projekt arbeiten. Aus Koordinierungsgründen wäre hier eine Rollenverteilung teilweise dennoch sinnvoll.

Die Größe des Unternehmens
Dieser Faktor ist bei der Auswahl der passenden Managementmethode entscheidend. Es gibt Methoden, die vom Grundsatz für alle Unternehmensgrößen eingesetzt werden können, aber es gibt eben auch Methoden, die dafür absolut ungeeignet sind. Dies muss individuell bestimmt werden.

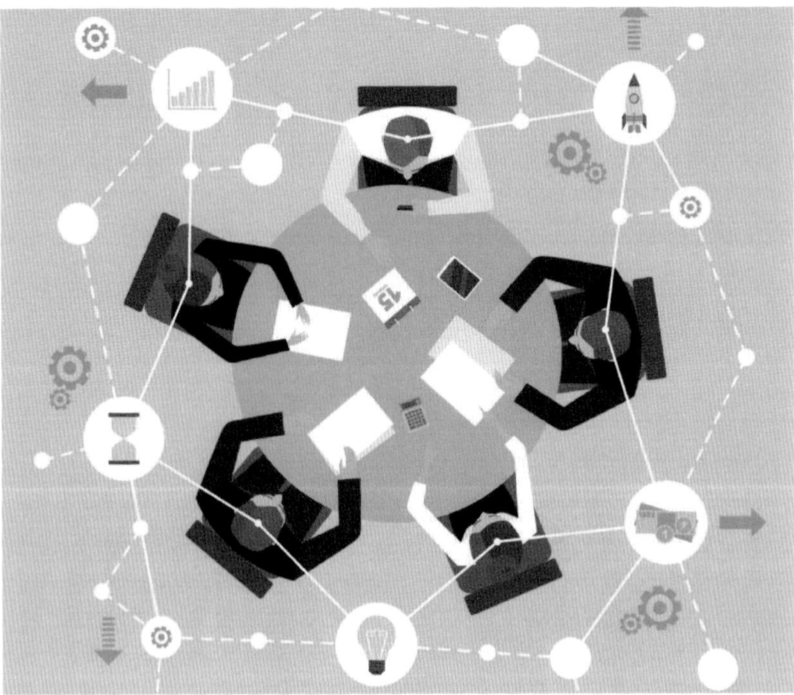

Unterschiedliche Projektmanagement-Methoden

Nachfolgend eine kleine Auswahl unterschiedlicher Methoden inkl. eines kurzen Hinweises, für welches Projektmanagement diese Methoden geeignet sind.

Traditionelle Methode (Wasserfall-Methode)

Die traditionelle Projektmanagement-Methode basiert auf einem **standardisierten Prozess**, bei dem einzelne Arbeitsschritte nacheinander abgearbeitet werden. Charakteristisch sind bei der traditionellen Methode der **hohe Analyseaufwand** und der **genaue Planungsablauf.** Diese Methode ist besonders geeignet für Mitarbeiter/Teams, die **klare Anweisungen** im Prozessablauf erwarten. Die Methode wird aufgrund ihrer einfachen Vorgehensweise häufig eingesetzt.

Vorteile des traditionellen Projektmanagements

- standardisierter Ablauf
- genaue Vorgabe des Ablaufplans
- im Vorfeld festgelegter Endtermin
- feste Zuordnung der Ressourcen
- optimierte Auslastung der Ressourcen
- vor Projektbeginn erfolgt die Festlegung der Kosten
- klassische Kontrollmöglichkeiten

Nachteile des traditionellen Projektmanagements

- hoher Aufwand bei Änderungen im Projektablauf
- nicht geeignet für unklare Projektanforderungen
- Ablaufänderungen nicht möglich, da Projektteile genau fixiert sind
- Änderungen machen ein vorzeitiges Scheitern des Projektes möglich

Agile Methode

Als Agile Methode wird ein Prozess beschrieben, bei dem die Projektteilnehmer oder Projektteams in **kurzen Projektschritten** tätig sind, dadurch sehr **flexibel** auf Änderungen reagieren und sich durch einen regelmäßigen Gedanken- und Erfahrungsaustausch produktiv ergänzen können. Die Vorgehensweise beim Agilen Projektmanagement lebt von **hohen Toleranzen für das Projektteam** und den Faktoren **Qualität, Budget, Umfang und Terminstellung**. Die Agile Methode ist aufgrund dieser Variabilität in der Welt des Projektmanagements **am weitesten verbreitet.**

Die Agile Methode basiert auf vier Grundgedanken.

Grundgedanke 1:

Das Agile Projektmanagement beruht darauf, dass die beteiligten Projektmitarbeiter mit ihren Wechselbeziehungen im Team wichtiger sind als die geplanten Prozesse. Jeder Projektteilnehmer kann und soll dabei seine Kenntnisse voll einbringen und wird im Gegensatz zum traditionellen Projektmanagement nicht im Geringsten reglementiert oder eingeschränkt. Das Wissen, die Begeisterung, die Kreativität und die Kommunikation untereinander sind dabei die treibenden Kräfte des gesamten Projektes, welches damit hochgradig flexibel und sehr dynamisch ist. Dies betrifft unter anderem die Qualität, den Umfang, die Zeit und die Kosten. Kurzfristige Änderungen sind aufgrund der Dynamik möglich.

Grundgedanke 2:

Beim Agilen Projektmanagement ist die Einbindung des Kunden sehr wichtig. Dabei wird die Zusammenarbeit mit dem Kunden höher angesiedelt als die im Vorfeld erfolgten Vertragsgespräche. Die Kraft der Vertragsverhandlungen wird vielmehr in die Umsetzung des Projektes eingebunden.

Grundgedanke 3:

Eine schriftliche Dokumentation des Projektes wird als unwichtig angesehen. Die Zeit für eine aufwendige Berichterstattung wird vielmehr in die Entwicklung unterstützender Softwareprojekte investiert.

Grundgedanke 4:

Änderungen, neue Wünsche oder Erkenntnisse werden berücksichtigt. Dabei wird der ursprüngliche Plan flexibel angepasst. Endtermin und Auftragsinhalt bleiben dabei erhalten.

Vorteile des agilen Projektmanagements

- kleine Projektabläufe, dadurch überschaubar
- Neue Arbeitsschritte erfolgen erst mit Fertigstellung der vorherigen.
- Es ist möglich, flexibel mehrere Ideen oder Abläufe zu testen.
- Neue Erkenntnisse können umgehend eingearbeitet werden.
- Entwicklung neuer kreativer Ideen
- reaktionsschnelle Zusammenarbeit durch kleine, eigenständige Teams
- Kostenbudget nach tatsächlichem Leistungsaufwand

Nachteile des agilen Projektmanagements

- Methodenkenntnisse der Projektteilnehmer
- veränderte Führungskultur
- hoher Abstimmungsbedarf
- Nicht vorhersehbarer Termin des Projektziels

Scrum

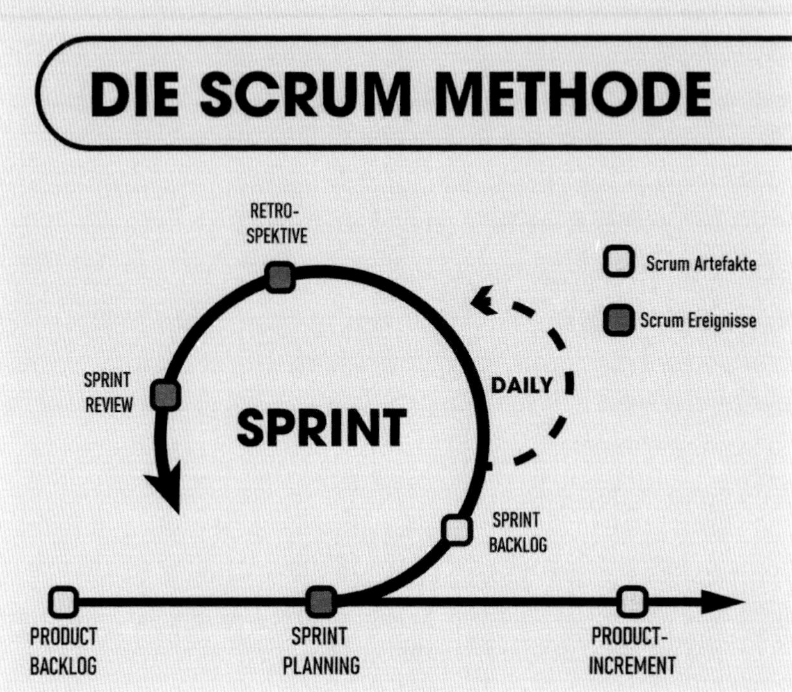

Die Scrum-Methode wird auch häufig als Rahmenstruktur (Framework) für die Agile Methode bezeichnet. Im Unterschied zur traditionellen Methode, bei der Aufgaben in Abhängigkeit zum Fortschritt des Prozesses vergeben werden, zeichnet sich Scrum durch **kurze Projektzyklen (Sprints)** von **höchstens zwei Wochen** aus, die von **maximal zehn Mitarbeitern** bearbeitet werden. Auch in der Organisation ist Scrum einzigartig:

- Es wird in Teams gearbeitet.
- Der gesamte Prozess wird in Zyklen gegliedert.
- Innerhalb des Prozesses werden Rollen verteilt.
- Die Leitung des Prozesses übernimmt ein Projektmanager, der sogenannte Scrum-Master.

Insbesondere **der Scrum-Master** ist bei dieser Methode gefordert. Ihm obliegt ein **ständiger Kontakt zu den Mitarbeitern**. Dies wird u. a. durch **tägliche Scrum-Meetings („daily Scrum")** bzw. durch **Rückblicke („Retrospektive" und „sprint review") auf** abgearbeitete Sprints erreicht.

Durch die Nutzung von Scrum erhalten die Mitarbeiter einen **großen Spielraum für die Gestaltung des Prozesses.** Scrum beruht dabei auf gewonnenen Erfahrungen.. Der Grundsatz von Scrum liegt in der Tatsache, dass bei Prozessen am Anfang nicht alle Anforderungen und Lösungen zweifelsfrei feststehen. Durch Zwischenergebnisse werden fehlende oder unklare Anforderungen und Lösungen optimiert. Das bedeutet eine kontinuierliche Verfeinerung der Prozessschritte.

Diese Theorie gründet sich in der Erkenntnis, dass sich **Wissen aus Erfahrung** bildet und **Entscheidungen ihren Grundstock in diesem Wissen haben.**

Innerhalb von Scrum findet sich die **Theorie des Empirismus** wieder. Dies sind geeignete Voraussetzungen für ein agiles Arbeiten und den Einsatz von Scrum. Für agiles Arbeiten geeignete Mitarbeiter bringen ihr **Wissen** mit und sind somit in der Lage, Störungen des Projektablaufs sofort zu analysieren und die richtigen Entscheidungen zu treffen.

Vorteile von Scrum

- Die Regeln sind überschaubar. Sie sind einfach gehalten, somit leicht zu verstehen und unkompliziert umzusetzen.
- Es werden schlanke Kommunikationswege genutzt.
- Eine anpassungsfähige Planung lässt eine flexible Tätigkeit zu.
- Die Selbstorganisation verhilft zu hoher Wirksamkeit.
- Die Meetings und Backlogs verhelfen zu einer großen Durchsichtigkeit der Projektschritte.
- Eine Umsetzung neuer Produkteigenschaften bzw. Inkremente erfolgt sehr schnell.
- kontinuierlicher Verbesserungsprozess
- kurzfristige Problem-Identifikation
- geringer Verwaltungsaufwand

Nachteile von Scrum

- fehlender Gesamtüberblick über den Projektverlauf
- Der Gesprächs- und damit Klärungsaufwand ist sehr hoch.
- Genau definierte Handlungsschritte fehlen.
- „Tunnelblick-Gefahr" bei Fokussierung auf einzelne Aufgaben
- erschwerte Projektabstimmung bei mehreren Entwicklerteams
- Fehlende Zuständigkeiten und Hierarchien in Scrum verursachen Unsicherheit.
- Bestehende Unternehmensstrukturen lassen sich nur schwer einbinden.

Kanban

Ganz einfach erklärt ist Kanban eine weitere, eigenständige Methode innerhalb des agilen Projektmanagements, kann aber auch in Verbindung mit Scrum eingesetzt werden. Kanban legt das Augenmerk auf die **Visualisierung eines Prozesses.** Ursprünglich wurde Kanban in den 40er Jahren des letzten Jahrhunderts in Japan bei der Firma Toyota für die Fertigung entwickelt. Was heute, insbesondere in der Automobilindustrie, selbstverständlich ist und im Allgemeinen als „Just-in-time" bezeichnet wird, war zur damaligen Zeit ein Meilenstein in der Unternehmenswelt. Das erste Mal wurde die Produktion nicht anhand vorher bestimmten Mengen festgelegt, sondern der **Kundennachfrage angepasst.** Erreicht wurde es mit einfachen Signalkarten, die in der Produktion anzeigten, ob ein Artikel vorrätig, ausgängig oder bestellt ist.

Kanban ist also einfach formuliert ein Tool zur Beschaffung von Bauteilen, etwas wissenschaftlicher erklärt ein **Steuerungswerkzeug für Produktionsprozesse.** Mittlerweile findet Kanban immer mehr Einsatz in **unterschiedlichsten Unternehmensbereichen**, vorrangig im Softwarebereich.

Kanban wird in vier Grundprinzipien und sechs Praktiken unterteilt:

Prinzip 1: Starte mit dem, was du zurzeit gerade erledigst.
Kanban erfordert keine besonderen Prozess-Voraussetzungen. Es kann jederzeit in ein Projektmanagement eingeführt werden und deckt sofort Schwachpunkte auf. Es kann somit unkompliziert in jedem Unternehmen angewandt werden.

Prinzip 2: Verfolge ausbleibende Steigerungen.
Mit der Kanban-Methode erreicht man Steigerungen des aktuellen Prozesses ohne großen Widerstand. Änderungen in einem Prozessverlauf lösen im Regelfall bei Teammitgliedern Unsicherheiten aus. Das vermeidet Kanban.

Prinzip 3: Berücksichtige aktuelle Prozesse, Rollen und Verantwortlichkeiten.
Alle Verantwortlichkeiten, Prozesse, Rollen und die Beibehaltung einzelner Prozessschritte lassen Kanban unberührt. Umfassende Änderungen werden generell nicht zugelassen, um Ängste zu vermeiden, die den Entwicklungsprozess aufhalten oder behindern.

Prinzip 4: Ermutige zur Führung auf allen Ebenen.
Die besten Führungsqualitäten zeigen sich in den alltäglichen Verhaltensmustern der Teammitglieder. Dabei müssen alle Projektteilnehmer ständig kontinuierliche Verbesserungen an ihrem Wirken umsetzen. So erreicht ein Projektteam eine optimale Leistung.

Praktik 1: Der automatisierte Geschäftsprozess muss sichtbar gemacht werden

Will man Kanban einsetzen, muss vorausgesetzt werden, dass der aktuelle Geschäftsprozess (Workflow) genau verstanden wird. In wenigen Worten gesagt: Man muss wissen, wie aus einem Plan oder einer Anfrage ein fertiges Produkt entsteht. Erst dann kann durch Anpassung oder Veränderung ein optimiertes Produkt fertiggestellt werden.

Um diesen veränderten Prozess mit Kanban sichtbar zu machen, benötigen Sie das **Kanban-Board** mit den dazugehörigen Spalten und den Kanban-Karten. Die Spalten auf dem Kanban-Board dienen dabei jeweils einem Schritt in dem Geschäftsprozess, als Workflow bezeichnet. Jede Kanban-Karte entspricht einem Prozessschritt. Beim Start des Prozesses befinden sich die Karten links, in der Spalte „To Do" (Beginn), und wandern je nach Erledigungsstand nach rechts über eventuelle Zwischenspalten „In Progress" (in Bearbeitung) bis maximal in die Spalte „Done" (Erledigt).

Dadurch werden der aktuelle Stand und der Fortschritt verfolgt und eventuelle Engpässe können entdeckt werden. Letzteren muss dann entsprechend gegengesteuert werden.

Praktik 2: Die aktuelle Arbeit begrenzen

Die größten Störfaktoren im Prozess sind das ständige Umschalten zwischen verschiedenen Aufgaben sowie ein durchgehendes Multitasking. Die laufende Arbeit muss daher so **begrenzt werden**, dass die Projektteilnehmer sich auf die machbaren Aufgaben **gezielt konzentrieren** können. In der Kanban-Literatur bezeichnet man diese Praktik als **WIP (Work-in-Progress-Limits).** Ohne diese WIP funktioniert kein Kanban!

Um zu gewährleisten, dass die laufende Arbeit sich bei den Projektteilnehmern nicht schleichend zum Problem entwickelt, begrenzt man die WIP. Eingesetzt wird dabei ein sogenanntes **Pull-System.** Bei diesem System wird die **maximale Belastung eines Projektteilnehmers** festgelegt. Somit kann nur dann mit einem neuen Arbeitsschritt begonnen werden, wenn wieder neue Kapazität zur Verfügung steht. Störungen werden rechtzeitig erkannt und können behoben werden.

Praktik 3: Workflow-Management

Der Hauptgrund beim Einsatz des Kanban-Systems in einem Projektmanagement liegt in der Implementierung einer reibungslosen Abarbeitung für die einzelnen Prozessschritte. Dadurch soll eine **hohe, aber auch gleichbleibende Geschwindigkeit** im Gesamtprozess erreicht werden. Resultierend daraus sollte sich eine kurzfristige Wertschöpfung des Produktes ergeben. Im Nebeneffekt sollen ungeplante Verzögerungen vermieden und dadurch entstehende Kosten minimiert, zumindest kalkulierbar werden.

Praktik 4: Prozessrichtlinien ausformulieren

Eine allgemeine Weisheit besagt, dass man **nur das verbessern kann**, was man im Vorfeld **auch versteht**. Deshalb muss der Ablauf im Projektmanagement **auf das Genaueste definiert** und innerhalb des Teams nicht nur **abgesprochen**, sondern auch **akzeptiert** werden. Kein Mensch begeistert sich für eine Aufgabe, die er nicht nachvollziehen kann. Das ist bei den Teammitgliedern innerhalb eines Projektteams nicht anders und wird den gesamten Prozess behindern. Entscheidungen zu treffen und damit positive Veränderungen des Prozesses herbeizuführen, wird ohne Beachtung dieses Faktors unterbleiben.

Praktik 5: Feedbackschleifen

Um positive Veränderungen zu erreichen und diese auch kontinuierlich in den Prozess einzubringen, benötigt man ein weiteres, allgemein bekanntes Hilfsmittel, **das Teammeeting** als Basis für den Gedankenaustausch.

Der Grundgedanke für ein derartiges Meeting resultiert aus einem Baustein der **Lean-Philosophie.**

LEAN PRODUCTION

GPS-Gestaltungsprinzipien

ⓘ

Bei **Lean-Philosophie** geht es um die Optimierung innerhalb einer Organisation, in der jeder einzelne Mensch selbst gestaltend einwirkt, unter anderem mit einer grundlegend positiven Denkweise für die Prozesse und Strukturen des Projektes.

Diese Meetings bezeichnet man im Kanban-System als **Feedbackschleifen.** Das kann zum Beispiel das tägliche „Stand-up-Meeting" für die Team-Synchronisierung vor Beginn der aktiven Arbeit sein. Vor dem Kanban-Board berichtet jedes Mitglied des Teams den anderen, was heute ansteht, am Tag zuvor erledigt wurde und heute angefangen wird. Die Dauer derartiger Meetings sollte die Gesamtzeit von 15 Minuten nicht überschreiten. Bei sehr großen Teams und äußerst umfangreichen Projekten kann ein Meeting natürlich zeitlich etwas länger angesetzt werden.

Praktik 6: Die Zusammenarbeit verbessern

Nur die gemeinsame Vision, eine bessere Zukunft zu erreichen, und das Verständnis, Probleme zu meistern, führen zu kontinuierlichen Verbesserungen bei den Prozessen in einem Unternehmen. Das ist erst einmal keine neue Weisheit, spiegelt aber den Grundgedanken in der Arbeit eines Projektteams wider. Teams, die sich mit den Aufgabenstellungen, mit deren Umsetzung, mit den Workflows, mit den Schwierigkeiten und Risiken sowie dem Projektablauf im Ganzen positiv identifizieren, entwickeln Gemeinsamkeiten, die dann zu einem positiven Erfolg im Projekt führen.

Vorteile von Kanban

- flexible Verteilung der Rollen im Projekt
- jederzeit Überblick über die Situation des gesamten Prozesses

Nachteile von Kanban

- höherer Kontrollaufwand
- keine Regulierung der Mitarbeiter-Disziplin
- höherer Planungsaufwand (z. B. Erstellung von Boards und regelmäßige Kontrolle dieser, siehe auch Punkt 1)

Prozessmanagement

Unter Prozessmanagement versteht man die gezielte Planung, Steuerung und Optimierung von Geschäftsprozessen in einem Unternehmen. Ziel ist es, die Effizienz, Effektivität und Flexibilität des Konzerns zu verbessern. Prozessmanagement ist also ein Ansatz, der darauf abzielt, dass die verschiedenen durchgeführten Aktivitäten und Arbeitsschritte aufeinander abgestimmt sind und den strategischen Zielen entsprechen.

Das Prozessmanagement lässt sich dabei in zwei Arten aufteilen:

Das operative Prozessmanagement (OPM)

Das OPM fasst sämtliche Aufgaben/Themen mit einer kurzfristigen Strategie (maximal ein Geschäftsjahr) zusammen. Die Schwerpunktaufgaben des OPM betreffen neben der Prozessplanung, Prozessausübung und Analyse auch Maßnahmen zur Verbesserung der Abläufe, aber auch eine konzentrierte Beobachtung des Prozesses.

Das strategische Prozessmanagement (SPM)

Das SPM fasst sämtliche Aufgaben/Themen mit einer langfristigen Strategie (bis zu zwanzig Geschäftsjahren) zusammen. Zu den Schwerpunktaufgaben zählen z. B. die Definition langfristiger, strategischer Ziele oder die Plausibilität umsetzbarer Kernprozesse.

Vor- und Nachteile Prozessmanagement

Vorteile:

- Steigerung der Wirtschaftlichkeit von Unternehmensabläufen
- Vorteile gegenüber den Mitbewerbern
- Verbesserung der Zusammenarbeit einzelner Abteilungen

Nachteile:

- dauerhafte Betrachtung zur Verbesserung der Prozesse
- hoher Kostenaufwand durch Maßnahmen zur Verbesserung der Prozesse
- ständige Verbesserungen können zu Schwierigkeiten in der Zusammenarbeit einzelner Abteilungen führen

PRODUKTENTWICKLUNG

Unter dem Begriff **Produktentwicklung** versteht man einen Gesamtprozess, beginnend mit einem ersten Konzept für ein neues oder zur Aktualisierung eines vorhandenen Produktes und endend mit der Neu- bzw. Wiedereinführung im Markt.

Die **Kernaufgabe der Produktentwicklung** ist dabei immer, die **Wettbewerbsfähigkeit des Unternehmens** zu gewährleisten, indem innovative Produkte entwickelt bzw. die Leistungsmerkmale vorhandener Produkte verbessert werden.

Die sechs Phasen der Produktentwicklung

Für eine erfolgreiche Umsetzung einer Produktentwicklung sollten in der Regel **sechs eigenständige Phasen** berücksichtigt werden. Dadurch lässt sich die Zusammenarbeit der beteiligten Abteilungen optimaler fördern und Zwischenergebnisse lassen sich schneller analysieren.

Gut zu wissen:
Der Ablauf für die **Verbesserung** vorhandener Produkte ist identisch.

Bei den nachfolgenden Phasen ist die Entwicklung eines neuen Produktes beschrieben:

Phase 1: Sammeln von Ideen

Diese erste Phase wird auch gerne als **Brainstorming** für die Entwicklung neuer, innovativer Produkte bezeichnet. Hierbei fließen die unterschiedlichsten Aspekte ein, z. B.:

- erste technische Ideen zum Produkt
- Ausrichtung auf den Zielmarkt des Produktes
- Kundenbedürfnisse
- Ergebnisse aus Marktforschungen
- Analyse ähnlicher Produkte im eigenen Portfolio
- Wertschöpfung eines neuen Produktes
- SWOT-Analyse

Phase 2: Definition des Produktes

In der nächsten Phase wird das **Konzept des geplanten Produktes** einerseits **detailliert beschrieben**, andererseits wird aber auch bereits die **Produktstrategie** ausgearbeitet. Hierfür ist es besonders wichtig, dass konkrete Angaben in diese Phase einfließen. Dazu gehören u. a.:

- Vertriebsstrategie und Wettbewerbsanalyse
- Festlegung von Erfolgskennzahlen (dienen nach Einführung des Produktes zur Messung von Umsatz und Ertrag)
- Marketingstrategie

Phase 3: Prototyp

In dieser Phase werden **Risiken** bei der Einführung des Produktes analysiert und das **erste Modell** des geplanten Produktes wird angefertigt. Zu den Aufgaben in der Phase 3 gehören u. a.:

- Anfertigung eines ersten Prototyps
- Identifizierung möglicher Risiken, z. B. Marktrisiko
- Erstellung einer Entwicklungsstrategie
- Machbarkeitsanalyse (Verhältnis Arbeitsaufwand zum Zeitplan)
- Anfertigung eines ersten minimal funktionierenden Basisproduktes

Phase 4: Design

Innerhalb dieser Phase wird durch die beteiligten Mitarbeiter ein erster funktionierender Entwurf des Produktes hergestellt. Dabei sollte auch bereits Klarheit über das zukünftige Design bestehen. Zur Auswahl sollten aber mehrere Varianten eines zukünftigen Designs herangezogen werden. Für das zukünftige Design sollte Folgendes geregelt werden:

- eine hundertprozentige Gewährleistung für die Materialbeschaffung
- zur Sicherheit mehrere Lieferanten kontaktieren
- alternativ prüfen, ob die Materialien in Eigenregie hergestellt werden können
- Dokumentation der Lieferanten-Adressen
- tägliche, mindestens wöchentliche Berichte zum aktuellen Stand dieser Phase
- Bedarf von notwendigen Genehmigungen klären
- Einholung eines ersten Feedbacks, ggf. auch Genehmigung zur Produktion durch die Geschäftsleitung

Phase 5: Validierung / Testung

Zur problemlosen Einführung des neu konzipierten Produktes sind Tests unbedingt durchzuführen. Sie erlauben letzte Korrekturen (Validierungen) am Produkt, bevor es für den Markt freigegeben wird. Um in dieser Phase alles sicherzustellen, sollten einige wichtige Schritte durchgeführt werden, z. B.:

- letzte Prüfung des Konzeptes
- Funktionalität des Produktes abschließend testen
- letzte Überprüfung der Vertriebsstrategie und Wettbewerbsanalyse

Phase 6: Markteinführung

Jetzt kann der Start mit der Produktion des Produktes und die Einführung am Markt erfolgen. Jetzt heißt es nur noch, die zu Beginn des Prozesses festgelegten Kennzahlen mit den Ist-Zahlen zu vergleichen.

Produktlebenszyklus

Der Begriff Produktlebenszyklus ist ein Begriff aus der Betriebswirtschaftslehre und steht für ein Konzept, das fünf Phasen eines Produktes darstellt. Bei diesen Phasen handelt es sich um die

- Einführungsphase,
- Wachstumsphase,
- Reifephase,
- Sättigungsphase,
- Degenerationsphase.

Gleichzeitig wird mit diesem Konzept die Entwicklung des Produktes analysiert, indem über einen definierten Zeitablauf sowohl Absatz als auch Umsatz miteinander verglichen werden. Unternehmen erhalten durch die Analyse des Produktlebenszyklus eine Vielzahl wichtiger Erkenntnisse, z. B.:

- Rückschlüsse über die Lebensdauer des Produktes,
- Informationen zu der Entwicklung des Produktes,
- aktuelle Stellungen des Produktes am Markt,
- Vergleiche mit Wettbewerbern.

Aus diesen Erkenntnissen kann das Unternehmen wiederum Strategien ableiten, um den Lebenszyklus seines Produktes zu verlängern. Zu diesen Maßnahmen können z. B. gehören:

- den Verkaufspreis des Produktes senken,
- neue Marketingstrategien entwickeln,
- neue Werbemaßnahmen aufbauen,
- das Produkt überarbeiten und optimieren.

Qualitätsmanagement

Qualität ist bereits seit Beginn der Industrialisierung für die Produktion der Unternehmen eine wichtige Komponente. Kunden haben schon immer ein besonderes Augenmerk auf Qualität geworfen und nur bei Unternehmen, deren Produkte eine hohe Qualität vorweisen konnten, wurde auch gekauft. Mitte des letzten Jahrhunderts wurden Qualitätsmerkmale, Grundsätze und Mindestanforderungen das erste Mal in einer einheitlichen Norm gebündelt, aber erst im Jahr 1987 in der noch heute geltenden DIN EN ISO 9000 niedergeschrieben. Bis heute wurden aufgrund der technischen Entwicklung weitere Methoden zum Thema Qualität entwickelt und teilweise auch durch eigene DIN-Normen festgelegt. Das Ziel des Qualitätsmanagements ist es, die Qualität bzw. das Niveau eines Produktes oder einer Leistung zu steigern, mindestens aber auf einem hohen Level zu halten. Das Qualitätsmanagement ist ein wichtiger Faktor zur Steigerung der Kundenzufriedenheit und somit direkt an einem Erfolg (aber auch Misserfolg) eines Unternehmens beteiligt.

Aufgaben des Qualitätsmanagements im Unternehmen

Ein qualitativ hochwertiges und erfolgreiches Qualitätsmanagement sollte heutzutage in jedem Unternehmen, gleich, welcher Größe, eingerichtet sein. Bei größeren Unternehmen übernimmt diese Aufgabe eine eigenständige Qualitätsmanagement-Abteilung inkl. verantwortlichen Abteilungsleiter. Bei kleineren Unternehmen übernimmt diese Aufgabe ein Qualitätsmanagement-Beauftragter, angesiedelt bei der Unternehmensleitung. Zu den wichtigsten Aufgaben des Qualitätsmanagements gehören z. B.:

- Überwachung und Optimierung von Prozessen und deren Abläufe,
- Erstellen von Analysen und Reports,
- Umsetzung des aktuellen Qualitätsmanagements,
- Weiterentwicklung des aktuellen Qualitätsmanagements,
- Durchführung von internen und externen Audits,
- Durchführung von Mitarbeiterschulungen,
- Beratung der Unternehmensleitung,
- Ausarbeitung eines Qualitätsmanagement-Handbuches.

Ziele eines Qualitätsmanagements

Das **oberste Ziel** eines Qualitätsmanagements liegt in der **erfolgreichen Bestandssicherung eines Unternehmens.** Um dieses Ziel zu erreichen, sind aber noch weitere Aspekte wichtig, die teilweise miteinander verbunden sind. Dazu zählen z. B.:

- Optimierung der Prozesse im Unternehmen,
- Steigerung der Produktivität und Wertschöpfungskette,
- Qualitätsverbesserung der Produkte,
- Verbesserung der Kommunikation nach innen, aber auch nach außen,
- Steigerung der Zufriedenheit bei Mitarbeitern und Kunden.

Qualitätsmanagement-Methoden

Wie bereits erwähnt, gibt es mittlerweile eine Vielzahl von Richtlinien und Qualitätsmodellen. Sie alle finden sich in unterschiedlichen Qualitätsmanagement-Methoden wieder. Die bekanntesten sind sicherlich die **ISO-Normen.**

ISO steht für International Organization for Standardization, was in etwa mit „Internationale Organisation für Normung" übersetzt werden kann. ISO-Normen sind weltweit anerkannte Maßstäbe. Diese Normen dienen dazu, dass Produkte, Dienstleistungen und Systeme weltweit einheitlich, sicher und effizient sind. Eine ISO-Norm definiert konkrete Vorgaben, Spezifikationen, Leitlinien oder Merkmale für Produkte, Dienstleistungen und Systeme. Die Einführung der Normen ist freiwillig.

Nachfolgend eine kleine Aufstellung bekannter ISO-Normen:

DIN EN ISO 9000

Diese DIN ist die erste festgelegte Norm, erstellt im Jahr 1987. Sie wird noch heute als Unterstützung für Unternehmen herangezogen, die ein Qualitätsmanagement einführen wollen. In der ISO 9000 sind alle Grundbegriffe eines funktionierenden Qualitätsmanagements aufgeführt, erläutert und definiert. Mit der ISO 9000 sollen sich Unternehmen, vor Einführung, zunächst mit den Grundlagen eines Qualitätsmanagements vertraut machen.

DIN EN ISO 9001

Hierbei handelt es sich um die wichtigere Norm eines Qualitätsmanagements. Durch die ISO 9001 werden alle Forderungen für die Umsetzung eines Qualitätsmanagements detailliert festgelegt. Das gilt sowohl national als auch international.

Für die Umsetzung werden sieben grundsätzliche Aspekte herangezogen. Nachfolgend zitierte Auszüge aus der ISO 9001:

1. „Im Mittelpunkt stehen die Kundenanforderungen an das Produkt. Beim Qualitätsmanagement sollte man immer versuchen, die Kundenerwartungen zu erfüllen."

2. „Die Leader und Führungskräfte sind damit beauftragt, die Mitarbeiter anhand der übergeordneten Ziele zu führen und auch zu überwachen. Sie agieren als Vorbilder, um die Zufriedenheit und Produktivität zu steigern."

3. „Zur Bestandsaufnahme und späteren Verbesserung der Arbeitsprozesse müssen Mitarbeiter aller Ebenen miteinbezogen werden. Dies steigert deren Engagement und Begeisterung."

4. „Wichtig ist, dass Unternehmen aus einem prozessorientierten Ansatz betrachtet werden. Gerade bei den Schnittstellen von Prozessen gibt es oft Fehler, wodurch diese besonders genau betrachtet werden sollten."

5. „Prozesse sollten nicht nur einmalig, sondern laufend verbessert werden. Ein kontinuierlicher Verbesserungsprozess (KVP) sollte daher zentral im QM-System eingebaut sein."

6. „Entscheidungen von Seiten des Unternehmens sollten immer objektiv entschieden werden. Eine faktengestützte Entscheidungsfindung reduziert Risiken und verbessert die Chancen auf Erfolg."

7. „Nicht nur Kunden sollten betrachtet werden, sondern auch alle Stakeholder. Ein geeignetes Beziehungsmanagement mit den relevanten Stakeholdern verbessert langfristig den Unternehmenserfolg."

Weitere ISO-Normen, die für die Einführung eines Qualitätsmanagements herangezogen werden können, sind u. a. die:

- **ISO 9002:** Qualitätssicherung für den Herstellungsprozess
- **ISO 9003: Qualitätssicherung für die Überprüfung der Produkte und Dienstleistungen**
- **ISO 9004: Unterstützung** bei der praktischen Umsetzung von QM-Systemen anhand verschiedener Vorschriften und konkreter Nachweisstufen
- **ISO 9011:** Durchführung von internen und externen Audits

EFQM-Modell

EFQM steht für die European Foundation for Quality Management. Auf Deutsch bedeutet dies in etwa „Europäische Stiftung für Qualitätsmanagement“.

Das **EFQM-Modell** wurde Anfang der 1990er Jahre entwickelt und umfasst als Qualitätsmanagement-Modell **sämtliche Bereiche und alle innerbetrieblichen Abläufe eines Unternehmens**. Um EFQM in einem Unternehmen einzuführen, müssen allerdings im Vorfeld insgesamt **neun Voraussetzungen/Kriterien** erfüllt werden. Sie gliedern sich in fünf „Befähiger-Kriterien“ und vier „Ergebnis-Kriterien“ auf.

Die fünf „Befähiger-Kriterien“ beziehen sich auf folgende Unternehmensbereiche:

Unternehmensführung

Beim EFQM-Modell wird davon ausgegangen, dass ein Qualitätsmanagement grundsätzlich von der **Unternehmensführung** ausgeht. Auf dieser Ebene werden nicht nur die Visionen eines Unternehmens entwickelt, sondern auch die zu erreichenden Ziele definiert. Die Unternehmensführung ist auch für die **Kontrolle des Qualitätsmanagements** gesamtheitlich im Unternehmen verantwortlich.

Unternehmensstrategie

Jedes erfolgreiche Unternehmen entwickelt **Erwartungen**, die schlussendlich in die praktische Arbeit umgesetzt werden müssen, damit diese Erwartungen auch erfüllt werden. Dieser Prozess kann nur dann erfolgreich umgesetzt werden, wenn alle Mitarbeiter mit ihren Fähigkeiten darin **eingebunden** werden. Dies erfordert eine permanente **Kontrolle** durch die Unternehmensleitung und **ggf. notwendige Anpassungen**.

Belegschaft

Mitarbeiter sollten grundsätzlich nach ihren **Fähigkeiten, Leistungen und ihrem Wissen** im Unternehmensprozess eingesetzt werden. Dies muss einerseits durch den Einsatz optimal ausgearbeiteter **Einsatzpläne** organisiert und gewährleistet werden, andererseits muss auch die **Eigenverantwortlichkeit** der Mitarbeiter gestärkt werden.

Geschäftspartner/Lieferanten

Jedes Unternehmen ist mehr oder weniger von **Geschäftspartnern bzw. Lieferanten** abhängig. Daher sollte es eigentlich selbstredend sein, dass auch diese Gruppen weitestgehend in den Prozess des Qualitätsmanagements **direkt eingebunden** werden. Unternehmen nehmen heutzutage immer mehr Einfluss auf ihre Geschäftspartner bzw. Lieferanten und fordern, dass diese selbst ein Qualitätsmanagement umsetzen.

So können z. B. **beidseitig** Verfahren festgelegt werden, die den Ablauf eines Produktionsprozesses schneller und sicherer machen. Insbesondere Automobilhersteller sind hierbei als Vorreiter eines übergreifenden Qualitätsmanagements aufgetreten. „Just-in-time“ (Lieferung zum richtigen Zeitpunkt in richtiger Menge) bzw. „Just-in-sequence“ (Lieferung in Reihenfolge der Verarbeitung) sind mittlerweile gängige Verfahren.

Prozess

Prozesse müssen durch die Unternehmensführung so **gezielt gesteuert** werden, dass Kunden mit der **Leistung / mit dem Produkt zufrieden sind**. Im EFQM sind hierzu bestimmte Feedback-Varianten vorgesehen, um rechtzeitig auf Bedürfnisse in der Kundenklientel reagieren und eingehen zu können.

Bei den vier „Ergebnis-Kriterien“ handelt es sich um:

1. Kundenorientierte Ergebnisse

Dieses Kriterium soll aufzeigen, inwieweit Kunden das Unternehmen aktiv wahrnehmen.

- Wird auf ihre Bedürfnisse gezielt eingegangen?
- Werden ihre Wünsche erfüllt?
- Wird die Produktqualität positiv bewertet?
- *Falls z. B. eher ein negativer Eindruck vorhanden ist:* Wo liegt das Verbesserungspotential?

2. Mitarbeiterorientierte Ergebnisse

Bei einem Qualitätsmanagement gehört dieses Thema zu den Eckpunkten einer Umsetzung. Insbesondere drei Punkte stehen dabei im Vordergrund:

- Werden den Mitarbeitern adäquate Aufstiegschancen angeboten?
- Können Mitarbeiter innerbetrieblich Karriere machen?
- Ist die Chancengleichheit z. B. unter den Geschlechtern gewährleistet?

3. Stakeholder orientierte Ergebnisse

Stakeholder (außenstehende Interessenvertreter) sind eine entscheidende Gruppe innerhalb der Unternehmenskultur. Sie haben zwar keinen direkten Einfluss auf Prozessabläufe, sind aber von deren Entwicklung /Ergebnis betroffen.

Für die Unternehmensleitung ist es folglich wichtig, über strukturierte Abläufe den Erfolg eines Prozesses zu gewährleisten. Dies ist insbesondere bei Aktiengesellschaften zu beachten. Hier fungieren die Aktionäre als Stakeholder und sind an einer hohen Ausschüttung von Dividenden interessiert.

4. Schlüsselergebnisse

Hierzu zählen die **unternehmerischen Ergebnisse**, die ein erfolgreiches Unternehmen schreibt. Dazu zählen u. a. **Umsatz, Ertrag, Rentabilität** und die **Marktanteile**. Durch diese Ergebnisse lässt sich ein ausgereiftes Qualitätsmanagement am besten erkennen.

Merke:
Bei positiven Zahlen greift das Qualitätsmanagement, bei negativen Zahlen besteht Nachholbedarf.

Total Quality Management (TQM)

(i)

Das **Total Quality Management** ist eine Methode, mit der sämtliche Bereiche eines Unternehmens auf die Kundenzufriedenheit fokussiert werden. Das setzt allerdings einen **dauerhaften Lerneffekt und ständige Verbesserungen** in den unternehmerischen Abläufen, den hergestellten Produkten bzw. den Dienstleistungen voraus. Ziel soll dabei sein, den **Erfolg des Unternehmens** am Markt zu gewährleisten und möglichst zu steigern.

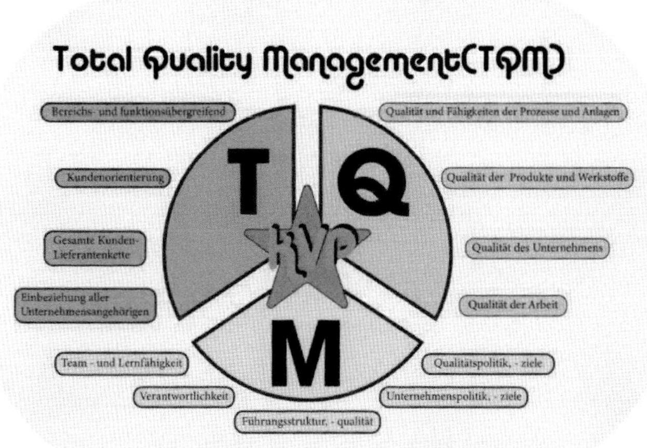

Um Total Quality Management ganzheitlich zu verstehen, sollte man die Hintergründe zu den einzelnen Worten dieser Methode detailliert betrachten.

• ***Total*** Quality Management
TQM bezieht ausnahmslos **alle Geschäftsbereiche** des Unternehmens in das Quality Management ein. Dabei ist das Augenmerk nicht nur auf die Verbesserung bzw. Steigerung der Arbeitsabläufe, der Produkt- bzw. Dienstleistungsangebote des einzelnen Bereiches ausgerichtet, sondern insbesondere auf die Ressourcen, die noch nicht voll ausgeschöpft sind. Dadurch lassen sich Prozesse verbessern oder Ergebnisse steigern. In der Summe festigt diese **Gesamtheit** den unternehmerischen Erfolg.

• Total ***Quality*** Management
Ein besonderes Augenmerk von TQM richtet sich auf die **Qualität** der Produkte bzw. Dienstleistungen. Hier darf auf keinen Fall Stillstand entstehen, sondern es muss stets aufwärtsgehen. Besser formuliert: Es muss ständig an der Qualität gearbeitet werden. Der Kunde reagiert umgehend bei einer Verschlechterung der **Qualität**. Für erfolgreiche Unternehmen ein absolutes „No-Go“. Das ist der entscheidende Punkt, auf den TQM ausgerichtet ist.

• Total Quality ***Management***
Grundsätzlich müssen Qualitätsmaßnahmen in einem Unternehmen von oben nach unten durchlaufen. Das bedeutet, dass **die Unternehmensführung** (**Management**) als Vorbild die Führungsrolle bei dieser Maßnahme übernehmen muss. Dazu gehört es auch, Mitarbeitern die Gewissheit zu geben, dass sie einen aktiven Part im gesamten Qualitätsprozess einnehmen.

Die besten Hilfsmittel dafür sind die Faktoren Gespräche und berufliche Förderung. Beides sind adäquate Hilfsmittel für ein erfolgreiches Quality Management.

Vor- und Nachteile des Qualitätsmanagements

Zu den vielen Vorteilen zählen u. a.:

- Die kontinuierliche Qualitätsverbesserung wird zu einem zentralen Punkt im Unternehmen.
- Alle Prozesse im Unternehmen werden (auch für abteilungsfremde) transparenter.
- Die Produktivität wird gesteigert.
- Die Qualität wird ständig verbessert.
- Die ISO-Zertifizierungen zeugen beim Kunden von Qualität.
- Der Kunde ist zufrieden.
- Die Kommunikation zwischen Bereichen bzw. Mitarbeitern wird im Unternehmen verbessert.
- **Der wirtschaftliche Erfolg des Unternehmens wird gesteigert.**

Zu den wenigen Nachteilen zählen u. a.:

- Die Einführung eines umfassenden Qualitätsmanagements ist sehr zeitintensiv und teuer.
- Die Korrektur von Fehlern bei der Umsetzung des TQM ist zeit- und kostenintensiv.

Qualitätskontrolle /-Sicherung

Die **Qualitätskontrolle (QK)** ist ein Verfahren, mit dem die Qualität des Produktes vor Lieferung an den Kunden geprüft (kontrolliert) wird.

Die **Qualitätssicherung (QS)** ist dagegen ein Verfahren, mit dem überwacht wird, ob festgelegte Qualitätsmerkmale bereits in der Entwicklung des Produktes oder der Dienstleistung eingehalten werden.

Insofern kann man festhalten, dass beide Verfahren ineinandergreifen und so zu wichtigen Methoden eines erfolgreichen Unternehmens werden

Nun stellt sich jedoch die Frage: **Warum sind beide Verfahren für den Erfolg eines Unternehmens so wichtig?**

Antwort: Die Nachfrage nach qualitativ hochwertigen Produkten bzw. Dienstleistungen überwiegt um ein Vielfaches gegenüber einer Nachfrage nach weniger hochwertigen Produkten. Das ist vermutlich keine überraschende Erkenntnis. Doch mit dem Verkauf der hochwertigen Produkte wird ein betriebswirtschaftlicher Kreislauf in Gang gesetzt:

A) Die Erfüllung einer Nachfrage erzeugt Umsatz und im Regelfall auch Gewinn.

B) Der Gewinn wird in die Produktion neuer Artikel (Nachfrage) investiert.

C) Die neuen Produkte dienen wieder zur Erfüllung von Nachfragen.

Grundlage für diesen erfolgreichen Kreislauf ist aber eine **gründliche Qualitätskontrolle** in Verbindung mit **einer umfassenden Qualitätssicherung.**

Supply-Chain-Management (SCM)

Bisher wurden unterschiedliche Management-Methoden zu den Themen Projekt, Prozess und Qualität beschrieben. Alle diese Methoden zielen auf die Verbesserung von internen Abläufen in einem Unternehmen bis hin zur Kundenzufriedenheit. Noch nicht angesprochen wurde bisher die Verwaltung bzw. Optimierung von Lieferketten. Diesen Punkt greift das Supply-Chain-Management (SCM) auf.

„Supply Chain Management" bedeutet ins Deutsche frei übersetzt „Lieferkettenmanagement". Mit dieser Managementmethode werden einerseits die klassische Planung und Steuerung von Lieferketten betrachtet, andererseits sämtliche Produkt-, Finanz- und Informationsströme untersucht, die entlang der gesamten Lieferkette und Wertschöpfungskette entstehen.

Des Weiteren beschäftigt sich das Supply-Chain-Management mit der Zusammenarbeit externer Unternehmen, insbesondere der Koordination unternehmensübergreifender Abläufe. Ergebnisse aus dem Supply-Chain-Management werden sowohl prozessübergreifend als auch separat betrachtet. Entscheidend hierfür ist der Zeitrahmen:

- langfristige Entscheidungen (prozessübergreifend) = ab 24 Monaten aufwärts
- mittelfristige Entscheidungen (separat) = zwischen 3 und 24 Monaten
- kurzfristige Entscheidungen (separat) = unter 3 Monaten

Ziel des Supply-Chain-Managements

Das Supply-Chain-Management ist eine unternehmensübergreifende Planung sämtlicher Prozesse, um die Wirtschaftlichkeit der Prozesse in den Unternehmen zu steigern. Um dieses Ziel zu erreichen, werden eine Vielzahl von Informationen benötigt, die von den Unternehmen gegenseitig ausgetauscht werden müssen. Die entscheidenden Ziele sind dabei:

- kürzere, effiziente und flexible Prozesse in den Unternehmen, die sich an der aktuellen Nachfrage am Markt orientieren;
- Erstellen von Schnittstellen für einen unternehmensübergreifenden Informationsaustausch;
- Einrichtung qualitativer und (ganz wichtig) zuverlässiger Lieferprozesse;
- Just-in-time Lieferungen, dadurch Verringerung vorhandener Lagerbestände.

Herausforderungen für das Supply-Chain-Management

Das Supply-Chain-Management gilt innerhalb der Betriebswirtschaft mittlerweile als wichtigstes Element einer weltweit funktionierenden Wirtschaft. Doch bei noch so guter Umsetzung ist auch das Supply-Chain-Management abhängig von externen Ereignissen, die unerwartet und nicht verhinderbar auftreten können und Schwachstellen im Prozess offenbaren. Externe Ereignisse sind z. B. Streiks, Blockaden von Schifffahrtsrouten (z. B. Suez-/Panamakanal), Ein- und Ausfuhrbeschränkungen, Cyberattacken usw.

Zu den wichtigsten Herausforderungen des Supply-Chain-Managements zählen:

- **Finanzielle Risiken**

Hierzu zählen u. a. Liefer- und Zahlungsausfälle. Dies kann insbesondere dann eintreten, wenn Unternehmen in einer gemeinschaftlichen Produktion voneinander abhängig sind und ein Partner in Zahlungsschwierigkeiten gerät, die wiederum andere Unternehmen davon abhält, Bauteile oder sonstige Komponenten zu liefern.

- **Umweltkatastrophen**

Die Häufigkeit eintretender Umwelt-/Naturkatastrophen hat in den letzten Jahren aufgrund verschiedener Einflüsse gravierend zugenommen. Davon bleiben auch Produktionsstätten und Lieferanten nicht verschont. Das Ergebnis daraus kann

o die Vernichtung von Rohstoffen oder der Zusammenbruch eines Produktionsprozesses sein.

o die Störung, im schlechtesten Fall der komplette Ausfall des Supply Chain Managements nach sich ziehen.

- **Einbruch des Marktes**

Politische Veränderungen, die häufig Auswirkungen auf die wirtschaftliche Lage eines Landes haben, können marktwirtschaftliche Veränderungen auslösen, die wiederum zu Problemen in der Produktion von Unternehmen führen können. Lieferschwierigkeiten bis hin zu totalen Lieferausfällen können das Ergebnis sein. Dadurch wird der gesamte Prozess des Supply-Chain-Managements unterbrochen.

- **Zu komplexe Lieferketten**

Je mehr Partner im Supply-Chain-Management eingebunden sind, desto größer ist die Gefahr einer Störung. Eine wichtige Komponente aus dem Supply-Chain-Management, das Lieferanten-Management, kann für diesen Fall Sicherheit bringen, wenigstens die Gefahr einer massiven Störung minimieren.

Lieferanten-Management:
Hierbei handelt es sich um einen eigenständigen Prozess, der folgende Faktoren zusammenfügt:

die Bewertung der Lieferanten
Alle am Supply-Chain-Management beteiligten Lieferanten werden aufgrund festgelegter Kriterien auf ihre Leistungsfähigkeit bewertet!

die Entwicklung der Lieferanten
Das Supply-Chain-Management setzt unternehmensübergreifend Ziele zur Optimierung der Prozesse. Die gemeinsame Umsetzung sorgt für eine übereinstimmende Entwicklung der beteiligten Unternehmen.

die Integration der Lieferanten
Teilweise müssen außerhalb des gemeinsamen Prozesses Aufgaben extern an andere Unternehmen verlagert werden. Auch diese Unternehmen müssen durch das Supply-Chain-Management eingebunden werden, allerdings nicht als komplettes Unternehmen, sondern lediglich mit der einzelnen Aufgabe.

das Controlling der Lieferanten
Sämtliche Bedingungen/Forderungen, die externe Lieferanten erbringen sollen, müssen zwangsläufig auch kontrolliert werden. Nur so können die Einhaltung von Zielvorgaben und auftretende Schwächen im gesamten Prozess des Supply-Chain-Managements erkannt werden.

Intelligente Unternehmensfinanzierung und Risikomanagement

Sowohl der Punkt Unternehmensfinanzierung als auch der Punkt Risikomanagement gehören zu den wichtigsten Maßnahmen eines erfolgreichen Unternehmens. Beide Maßnahmen sind genau betrachtet als **konträr** zu bezeichnen.

Durch die **Unternehmensfinanzierung** werden sämtliche Maßnahmen beschrieben, die durch die Aufnahme von Fremd- bzw. Eigenkapital das Wachstum oder die problemlose Umsetzung von unternehmerischen Visionen und Expansionsgedanken unterstützen.

Dagegen sorgt das **Risikomanagement** durch seine vielfältigen Analysemethoden dafür, dass Risken und Gefahren für das Unternehmen abgewendet werden, damit Wachstum und Visionen problemlos umgesetzt werden können.

FREMDKAPITAL

Innerhalb der Betriebswirtschaftslehre versteht man unter **Fremdkapital** die Schulden aus Verbindlichkeiten gegenüber Gläubigern, aber auch die eigenen finanziellen Rückstellungen aus Unternehmensgewinnen. Fremdkapital muss in einer Unternehmensbilanz separat ausgeworfen werden, da es als Teil des Gesamtkapitals des Unternehmens betrachtet wird, auch wenn es zum großen Teil den Gläubigern (Verbindlichkeiten) gehört.

Einem Unternehmen stehen unterschiedliche Möglichkeiten zur Beschaffung von Fremdkapital zur Verfügung. Die am häufigsten genutzten Varianten sind:

Rückstellungen

Der Begriff **Rückstellungen** steht für alle Formen von **finanziellen Verbindlichkeiten**, bei denen **weder die Höhe der Verbindlichkeit** noch der **Zeitpunkt der Fälligkeit** bekannt sind.

Beispiele:
Pensionsrückstellungen: Verbindlichkeiten, die für die Zahlung aus einer betrieblichen Altersversorgung fällig werden
Steuerrückstellungen: Sicherheitsrückstellungen für Steuerschulden/Steuernachforderungen. Hierzu gehören u. a. mögliche Zahlungen zur Ertragsteuer, Gewerbesteuer, Körperschaftsteuer oder dem Solidaritätszuschlag
Schuldrückstellungen: finanzielle Verpflichtungen gegenüber Dritten, z. B. aus Krediten
Aufwandsrückstellungen: finanzielle Verpflichtungen gegenüber dem Unternehmen selbst, z. B. für die Instandhaltung von Gebäuden
Sonstige Rückstellungen: z. B. Provisionszahlungen

Verbindlichkeiten

Der Begriff **Verbindlichkeiten** steht für alle **finanziellen Verpflichtungen** gegenüber **Gläubigern.**

Beispiele:
Anleihen (zinstragendes Wertpapier): komplette Rückzahlung bzw. fällige Zinszahlungen gegenüber Gläubigern
Kredite: Kosten aus Darlehen oder Lieferantenkredite
Wechsel: dokumentierte Zahlungsverpflichtungen gegenüber einer Einzelperson oder einem anderen Unternehmen
Offene Lieferungen/Leistungen Dritter: finanzielle Verpflichtungen gegenüber Lieferanten

Möglichkeiten der Fremdkapitalbeschaffung

Zur Beschaffung von Fremdkapital stehen Ihnen einige Möglichkeiten zur Verfügung, wie z. B.:

Der Bankkredit:
Die vermutlich bekannteste Form einer Fremdkapitalbeschaffung dürfte der **klassische Bankkredit sein.** Wenn bei einem Bankkredit von Fremdkapital gesprochen wird, ist dies wirklich fremdes Kapital. Die Bank gewährt zwar den Kredit, das Geld stammt aber von ihren Kunden. Selbstverständlich werden auf diesen Bankkredit Zinsen fällig. Durch die Kreditvergabe wird die Bank lediglich zum Gläubiger gegenüber dem Unternehmen, nicht zum Miteigentümer.

Gewinnung von Investoren:
Eine andere, durchaus ähnliche Form der Kapitalbeschaffung erfolgt durch die Gewinnung von **Investoren,** die ihr Geld zur Verfügung stellen. Im Gegensatz zum Bankkredit werden bei dieser Form der Kapitalgewinnung keine Zinsen fällig, sondern eine Beteiligung am Umsatz, meistens jedoch am Gewinn.

Handels- und Lieferkredite:
Weitere, durchaus übliche Formen einer Fremdkapitalbeschaffung sind der **Handelskredit** und der **Lieferantenkredit.**

Unter einen **Handelskredit** fällt eine finanzielle Vorleistung durch den Kunden. Dabei kann es sich z. B. um eine Vorabzahlung auf den Gesamtpreis oder um eine vor Lieferung vereinbarte Teilzahlung handeln.

Beim **Lieferantenkredit** geht der Lieferant in Vorleistung, indem er z. B. ein langfristig gesetztes Zahlungsziel festlegt.

Darlehen über Schuldscheine:
Eine eher seltene Form der Kapitalbeschaffung ist ein Darlehen über **Schuldscheine.** Dabei tritt die Bank eigentlich nur als Vermittler auf. Sie gewährt zwar das benötigte Darlehen und lässt sich dafür einen Schuldschein ausstellen, überträgt diesen aber danach an einen großen Investor.

Leasing:
Eine besondere Form der Fremdkapitalbeschaffung ist das **Leasing.** In der Regel wird diese Form für Firmenfahrzeuge, mittlerweile aber auch für hochwertige technische Maschinen genutzt. Der Vorteil beim Leasing gegenüber einem Bankkredit liegt in den günstigeren Vertragskonditionen.

Fremdkapitalquote als betriebswirtschaftliche Kennzahl

Fremdkapital muss zwingend in der Jahresbilanz (Passivseite) eines Unternehmens aufgelistet sein. Mit Anfertigung der Bilanz kann durch eine Bilanzanalyse der Grad einer Fremdkapitalquote berechnet werden, deren Ergebnis Rückschlüsse auf die finanzielle Unabhängigkeit eines Unternehmens liefert. Für die Berechnung einer Fremdkapitalquote wird das Fremdkapital gegenüber dem Gesamtkapital ins Verhältnis gesetzt. Das Ergebnis ist die Fremdkapitalquote in Prozent.

Die rechnerische Formel lautet:

Fremdkapital: Gesamtkapital x 100 = Fremdkapitalquote
Beispiel: 20.000 € : 50.000 € x 100 = 40 %

Schlussfolgerung: Je niedriger die Fremdkapitalquote ausfällt, desto finanziell unabhängiger ist das Unternehmen. Es finanziert sich entsprechend durch verfügbares Eigenkapital.

Vor- und Nachteile von Fremdkapital

Vorteile:

- Die Kosten von Fremdkapital, z. B. Zinsen, können steuerlich abgesetzt werden, wodurch Fremdkapital finanziell günstiger als Eigenkapital ist.
- Fremdkapitalgeber werden nicht zu Miteigentümern des Unternehmens und haben folglich auch kein Mitspracherecht.
- Fremdkapitalgeber haben keinen Anspruch auf eine Gewinnbeteiligung.

Nachteile:

- Je höher die Fremdkapitalquote ist, desto höher steigt die Gefahr einer Unternehmenspleite (Insolvenz).
- Je umfangreicher das Fremdkapital ist, desto schlechter ist die Beschaffung von Krediten durch Banken.
- Ein zu hohes Fremdkapital zieht eine hohe finanzielle Belastung nach sich. Kapitalgeber müssen immer durch fällige Zinsen bezahlt werden, auch wenn die Unternehmenskasse leer ist

EIGENKAPITAL

Alle finanziellen Mittel, die nicht über unternehmensfremde Quellen bereitgestellt werden, folglich dem Eigentümer eines Unternehmens zugeordnet sind, werden als Eigenkapital bezeichnet. **Eigenkapital** steht einem Unternehmen frei und unbefristet, ohne Rückzahlungsmodalitäten, zur Verfügung.

Was wird aber alles dem Eigenkapital zugeordnet? Die am häufigsten vorkommenden Varianten sind:

- **Gezeichnetes Kapital** (betrifft nur Kapitalgesellschaften, z. B. GmbHs): Jede Kapitalgesellschaft ist im Zuge der Gründung verpflichtet, eine entsprechende Kapitaleinlage, auch als Grundkapital oder Stammeinlage bezeichnet, zu leisten. Dieses Grundkapital wird betriebswirtschaftlich als gezeichnetes Kapital bezeichnet. Spätere Kapitalerhöhungen unterliegen den gleichen Formvorgaben.
- **Gewinnrücklagen** (betrifft nur Kapitalgesellschaften, z. B. GmbHs): Hierbei handelt es sich um Jahresüberschüsse einer Kapitalgesellschaft, die nicht an die Gesellschafter ausgezahlt werden.
- **Jahresüberschuss:** Hierbei handelt es sich um den unternehmerischen Gewinn nach Abzug sämtlicher Steuern.

Möglichkeiten der Eigenkapitalbeschaffung

Auch bei der Beschaffung von Eigenkapital stehen Ihnen mehrere Möglichkeiten zur Verfügung. Im Folgenden eine kleine Auswahl:

Unternehmensanteile:

Die gängigste Form einer Eigenkapitalbeschaffung ist die **Ausgabe weiterer Unternehmensanteile**, z. B. Aktien. Diese Art der Eigenkapitalbeschaffung ist allerdings sehr teuer. Einerseits müssen allgemein anfallende Kosten bei einem Börsengang beglichen werden, andererseits muss eine Bank die Zuteilung der Aktien vornehmen. Das wiederum produziert weitere Kosten.

Privatinvestoren:

Eine andere Form der Eigenkapitalbeschaffung kann durch eine finanzielle Einlage von **Privatinvestoren** erfolgen. Dabei wird Kapital freiwillig, ohne finanzielle Bedingungen (Zinsen), zur Verfügung gestellt. Das fehlende Interesse an finanziellen Bedingungen klingt zunächst einmal als eher unwahrscheinlich. Es gibt aber immer wieder Investoren, die andere Gedanken bei der Bereitstellung von Finanzen verfolgen. So treten z. B. Gemeinden häufig als Investor auf, um den Wegzug eines Unternehmens zu verhindern. Hier liegt das Interesse weniger in Zinseinnahmen, sondern in dem Erhalt von Arbeitsplätzen.

Desinvestition:

Eine weitere Form ist eine innerbetriebliche Finanzierung, die sogenannte **Desinvestition.** Hierbei werden **veraltete Vermögensgegenstände**, die betrieblich nicht mehr benötigt werden, z. B. Großwerkzeuge oder Maschinen, verkauft. Die daraus resultierenden liquiden Mittel werden als **Eigenkapital verbucht**.

Weitere Finanzierungsmöglichkeiten

Neben den bereits vorgestellten Möglichkeiten, durch die Erhöhung von Fremd- bzw. Eigenkapital eine unternehmerische Erweiterung zu finanzieren, gibt es aber auch noch eine Vielzahl von Alternativen. Zu den allgemein bekanntesten gehören z. B.:

Leasing

Leasing ist im privaten Bereich eine mittlerweile gängige Finanzierungsmöglichkeit, insbesondere in der Automobilbranche. Doch auch für Unternehmen ist Leasing mittlerweile ein adäquates Finanzierungsmittel, da bereits **im Vorhinein** die **Kosten vertraglich vereinbart werden**, somit bekannt sind und im wirtschaftlichen Sektor des Unternehmens eingeplant werden können. Dabei bezieht sich das unternehmerische Leasing nicht nur auf den Maschinen-, Werkzeug- und Automobilsektor, sondern auch auf Personal. Im Bereich Arbeitnehmerüberlassung werden Mitarbeiter vom Unternehmen „A" per Vertrag dem Unternehmen „B" überlassen (ausgeliehen). Das ist die etwas feinere Beschreibung für ein klassisches Leasing!

Gut zu wissen:

Der besondere Vorteil für einen Leasingnehmer liegt darin, dass die steuerliche Belastung beim Leasingeber (Besitzer) verbleibt.

Beim Leasing gibt es zwei Varianten:

1. das **direkte** Leasing über ein Finanzierungsinstitut (Leasinggesellschaft),
2. das **indirekte** Leasing über den Hersteller des Produktes, der Maschine usw.

Wiederum unterscheidet man auch zwischen folgenden Formen des Leasings, die allesamt entweder direkt oder indirekt sein können:

Das Finance-Leasing
Das Leasinggut wird über eine vertraglich vereinbarte Leasingrate für einen längeren, vereinbarten Leasing-Zeitraum abgegeben. Während dieser Zeit kann die Rate nicht erhöht, der Leasing-Zeitraum aber auch nicht gekündigt werden. Der Leasingnehmer trägt die Risiken für Diebstahl, Zerstörungen usw.

Das Operating-Leasing
Das Leasinggut wird über einen sehr kurzen oder gar keinen Leasing-Zeitraum abgegeben. Es bestehen sehr kurzfristige (tägliche) Kündigungszeiten, dafür fällt allerdings die Leasingrate entsprechend höher aus. Der Leasingnehmer trägt keine Risiken für Diebstahl, Zerstörungen usw.

Das „Sale-and-lease-back"-Leasing (übersetzt: „Verkaufe und miete zurück")
Dies ist eine besondere Form des Leasings. Der zukünftige Leasingnehmer verkauft dem Leasinggeber ein Wirtschaftsgut, das ihm nachweislich gehört, und least es umgehend zurück. Der Verkaufspreis ist dabei die Grundlage für die monatliche Leasingrate.

Der Sinn dieser Variante liegt in der Freisetzung des objektgebundenen Kapitals und ist eine Form der bereits erwähnten Desinvestition.

Vorteile Leasing:

- Die Leasingraten können als Betriebsausgaben steuerlich abgesetzt werden.
- Die Leasing-Maschinen/-Geräte werden nicht im Unternehmen bilanziert.
- Das Leasing ermöglicht dem Unternehmen (da nicht Eigentum) einen finanziellen Spielraum.
- Für das Leasing sind keine finanziellen Vorleistungen notwendig.
- Die regelmäßigen Leasingzahlen können innerbetrieblich als sichere Kalkulations- und Planungsgrundlage verwendet werden.

Nachteile Leasing:

- Die gesamten Leasingkosten liegen etwa 40 Prozent über den Kosten einer Kreditfinanzierung.
- Die Leasing-Maschinen/-Geräte müssen nach Ablauf des Vertrages zurückgegeben werden.
- Der Leasingvertrag kann in der Regel nicht vor Ablauf des Vertrages gekündigt werden.
- Gekündigt werden kann der Leasingvertrag nur einseitig durch den Leasinggeber, z. B. bei Rückständen der Leasingraten.

Factoring
Unter dem Begriff Factoring versteht man eine besondere Methode der Unternehmensfinanzierung. Bei dieser Methode werden offenstehende Rechnungssummen der Kunden rechtzeitig vor der Fälligkeit an einen Finanzdienstleister übertragen. Dieser zahlt die offenen Beträge sofort an das Unternehmen aus und übernimmt gleichzeitig die Rechte gegenüber dem Kunden. Für säumige Kunden könnte dies zu höheren Zinsforderungen durch den Finanzdienstleister führen.

Vorteile Factoring:

- Die Abtretung offener Rechnungssummen führt zu einer Steigerung der Liquidität des Unternehmens.
- Das Risiko von Zahlungsausfällen entfällt.
- Der Aufwand innerhalb der Verwaltung verringert sich.

Nachteile Factoring:

- Factoring kann bei Lieferpartnern den Eindruck finanzieller Schwierigkeiten erwecken.
- Wichtige Kunden könnten durch Factoring brüskiert werden und die zukünftige Zusammenarbeit einstellen.

Crowdfunding (Schwarmfinanzierung):
Unter Crowdfunding versteht man eine alternative Form der Finanzierung jeglicher unternehmerischer Maßnahmen und Projekte. Bei Crowdfunding investiert eine Anzahl von Menschen (daher die Bezeichnung Schwarm ...) in ein gemeinsames Projekt und erhält als Gegenleistung dafür Beteiligungen an Gewinnen, aber auch kostenlose Sachwerte, z. B. die durch Crowdfunding fertiggestellten Produkte.

Vorteile Crowdfunding:

- Die Anzahl der Unterstützer ist sehr hoch.
- Dadurch sind Einzahlungen mit niedrigen Euro-Beträgen möglich, was das Risiko der Anleger reduziert.
- Unterstützer sind häufig Erstkunden.
- Crowdfunding-Kampagnen erzeugen häufig parallel einen Marketingeffekt.
- Trotz Unterstützer bleibt die unternehmerische Verantwortung beim Unternehmer.

Nachteile Crowdfunding:

- Totalverlust des eingezahlten Kapitals ist möglich.

RISIKOMANAGEMENT

Unter dem Begriff **Risikomanagement** werden sämtliche Maßnahmen in einem Unternehmen bezeichnet, die Gefahren bzw. Risiken für das Unternehmen aufzudecken, mit ihnen umzugehen und sie am besten im Vorfeld zu verhindern.

Betriebswirtschaftlich unterscheidet man **zwei Arten** beim Risikomanagement:

Externe Risiken
Hierzu zählen z. B. politische Veränderungen bzw. Gesetzgebungen, Rezessionen, der ansteigende Fachkräftemangel, Einbruche der Weltwirtschaft usw.

Interne Risiken
Hierzu zählen z. B. Mitarbeiterschwund, Störungen in der Fertigung von Produkten, schlechtes Marketing usw.

Wichtig ist, dass das Risikomanagement bereits vor und nicht erst nach dem Eintritt einer Störung oder bei Bekanntwerden eines Risikos aktiv wird. Hierbei gilt:

Risiken rechtzeitig zu erkennen, sorgt für eine erfolgreiche Unternehmensentwicklung!

Ein Risikomanagement sollte in der Hand eines **erfahrenen Risikomanagers** liegen, der Störungen und Probleme möglichst rechtzeitig analysiert und mit einem eigenen Team entsprechende Gegenmaßnahmen erarbeitet, einleitet und umsetzt.

Das Risikomanagement gehört zu den Stabstellen eines Unternehmens und ist daher direkt bei der **Unternehmensleitung** angesiedelt.

Methoden des Risikomanagements

Das Risikomanagement unterscheidet sich heutzutage in drei anwendbare Methoden:

- **Strategisches Corporate Risk Management**

Dieses Verfahren analysiert und bewertet sämtliche betriebliche Risiken, die direkt auf die aktuelle Marktsituation Einfluss nehmen. Das Hauptaugenmerk liegt dabei in der Umsetzung einer Unternehmensstrategie.

- **Operatives Risikomanagement**

Dieses Verfahren analysiert die betriebliche Abwicklung und ergründet im Ergebnis die Wahrscheinlichkeit eines unternehmerischen Risikos. Die Ergebnisse dieser Analyse sollten zwangsläufig in das Strategische Corporate Risk Management einfließen.

- **Supply-Chain-Risikomanagement**

Dieses Verfahren befasst sich mit den Risiken innerhalb der Lieferketten eines Unternehmens. Dazu gehören z. B. Ausfall von Lieferanten (Insolvenz), Störungen externer Produktionsverläufe, verursachte Lieferverzögerungen durch globale Störungen (gesperrte Handelswege) oder Handelsstreitigkeiten zwischen Staaten.

Ein erfolgreich umgesetztes Risikomanagement, gleich, welches Verfahren, baut sich immer in **vier Phasen** auf:

Phase 1: Identifikation der Gefahr

Bevor irgendwelche Maßnahmen zur Risikobeseitigung eingeleitet werden, sollte zunächst die **Ist-Situation** (also der aktuelle Zustand) genauestens beschrieben werden. Manchmal wird die vermutete Gefahr höher eingeschätzt als die Wahrscheinlichkeit, dass die Gefahr auch tatsächlich eintritt. Ruhe und Vernunft sind in dieser Phase gefragt.

Phase 2: Analyse der Gefahrensituation

In dieser Phase wird das möglicherweise eintretende **Szenario einer Gefahr** gedanklich durchgespielt. Wo, wie und wann könnte das Szenario einsetzen? Wer ist in der Lage, Gegenmaßnahmen einzuleiten und ggf. auch sofort umzusetzen? Geplante Gegenmaßnahmen werden fixiert und in einer Liste zusammengeführt. Diese Liste ist der Grundstock für die folgende Phase.

Phase 3: Kommunikation und Berichterstattung

Die Ist-Situation sowie die Maßnahmen aus der To-do-Liste müssen nun allen Mitarbeitern, insbesondere der Unternehmensführung, vorgestellt werden. Wichtig ist in dieser Phase, die Bereitschaft und Sensibilität der Mitarbeiter und/oder der Führungsverantwortlichen zu stärken, um alle auf ein geeignetes und möglichst erfolgreiches Risikomanagement einzustellen.

Phase 4: Gegenmaßnahmen starten
Die Phase 4 ist vermutlich die einfachste Phase, wenn sich alle an die erarbeiteten Maßnahmen aus der To-do-Liste halten. In diesem Fall wird die Gefahr bzw. das Risiko verhindert. Die ausgemachten Gegenmaßnahmen werden also in Gang gesetzt.

Zusammenfassend kann man feststellen, dass Unternehmen die Funktion eines Risikomanagers **nicht unterschätzen** und vor allem nicht den Fehler begehen sollten, diese Position unbesetzt zu lassen. Diese Funktion bedarf einer ausgeprägten betriebswirtschaftlichen Erfahrung, um auf Risiken und Gefahren, die durch Markt, Kundenstruktur, Produktanforderung, Wirtschaft, Umwelt, Politik und Gesetzgebung ausgelöst werden, adäquat reagieren zu können.

UNTERNEHMENSVERSICHERUNGEN

Welche Arten einer Versicherung sind für ein Unternehmen wichtig? Diese Frage zu beantworten, ist angesichts des großen Angebotes an Versicherungsformen nicht ganz einfach. Wie im Privatleben auch gibt es wichtige, sinnvolle Versicherungsformen, aber eben auch unwichtige. Grundsätzlich ist, bis auf wenige Ausnahmen, eine **Versicherungspflicht** für Unternehmen in Deutschland **ausgeschlossen.** Nur für **wenige Bereiche** ist dies tatsächlich vorgeschrieben (z. B. eine Betriebshaftpflicht im handwerklichen Bereich, wenn die Geschäftsabwicklung durch Subunternehmen erfolgt). Gleichwohl empfehlen Versicherungsfachleute insgesamt **sechs Versicherungsarten,** die in der Regel ein Unternehmen rundum absichern.

Bei diesen Versicherungen handelt es sich um eine:

- **Betriebshaftpflichtversicherung**

Die Betriebshaftpflicht sichert ein Unternehmen gegen Schäden ab, die Mitarbeiter gegenüber **Dritten** (Person oder Unternehmen) verursacht. Das gilt sowohl für **Sachschäden und Personenschäden** als auch für sogenannte „unechte Vermögensschäden". Dabei handelt es sich um Schäden, die als Folge eines Hauptschadens entstehen.

- **Betriebliche Gebäudeversicherung**

Extreme Wetterlagen sind heutzutage der Hauptgrund für Gebäudeschäden. Mit einer **gewerblichen Gebäudeversicherung** sind eingetretene Schäden finanziell abgesichert. Diese Absicherung betrifft sowohl Reparaturen am Gebäude als auch im schlimmsten Fall den Wiederaufbau des Gebäudes.

- **Betriebliche Rechtsschutzversicherung**

Mittlerweile müssen sich bundesdeutsche Arbeitsgerichte mit einer steigenden Anzahl von Klagefällen beschäftigen. Die Kosten eines **Arbeitsgerichtsprozesse**s können dabei schnell fünfstellige Eurosummen überschreiten. Durch die betriebliche Rechtsschutzversicherung werden diese **Kosten abgedeckt**.

- **Geschäftsinhaltsversicherung**

Diese Versicherungsform ist in etwa vergleichbar mit einer privaten Hausratsversicherung. Durch die Geschäftsinhaltsversicherung sind nahezu sämtliche Schäden an der Betriebsausstattung (Möbel, Werkzeuge, Maschinen usw.) abgesichert. Dabei ist es irrelevant, ob diese Schäden „hausgemacht" herbeigeführt wurden. Selbst Schäden, die durch Einbruch und Vandalismus bzw. durch Feuer-, Wasser- oder Sturmschäden herbeigeführt wurden, sind durch diese Versicherungsform abgesichert.

- **Maschinen-/Elektronikversicherung**

Diese Versicherungsform ist die Ergänzung zur Geschäftsinhaltsversicherung, da sie Schäden an den nicht mitversicherten Elektronikgeräten aus der Geschäftsinhaltsversicherung abdeckt. Dazu zählen auch Schäden, die durch Bedienungsfehler durch Mitarbeiter oder durch Sabotage entstehen. Auch die finanziellen Verluste aus diesen Schäden werden übernommen.

HINWEIS:
Schäden an elektronischen Geräten sind nicht immer mitversichert. Die Bedingungen im Versicherungsvertrag sollten folglich sehr genau geprüft werden.

- **Betriebsunterbrechungsversicherung**

Gerade in den letzten Jahren haben extreme Ereignisse, z. B. Pandemien und Cyber-Angriffe, zu längeren Betriebsunterbrechungen und dadurch auch zu finanziellen Verlusten geführt. Diese Versicherungsform deckt nicht nur diese direkten Schäden, sondern auch die indirekten Schäden ab. Dazu gehört z. B. die Gehalts- und Lohnfortzahlung für die Mitarbeiter.

HINWEIS:
Einige Versicherungsunternehmen betrachten zurzeit noch Pandemien und deren Folgen daraus nicht als versicherbares Risiko! Die Bedingungen einer Versicherung sollten folglich sehr genau geprüft werden.

Neben diesen „notwendigen“ Versicherungen gibt es ein breites Spektrum weiterer Versicherungen, die nicht zwingend notwendig sind, also individuell abzuschließen sind. Dazu gehören u. a. Versicherungen, die für Mitarbeiter abgeschlossen werden können.

- **Directors-and-Officers-Versicherung**

Diese Form einer Versicherung ist eine klassische Haftpflichtversicherung, allerdings zugeschnitten ausschließlich auf Mitarbeiter innerhalb der Geschäftsführung bzw. des Unternehmensvorstands. Abgesichert wird dabei das Handeln bzw. die Folgen daraus gegenüber Dritten. Dadurch besteht für diese Personengruppe keine persönliche Haftung im Schadensfall.

- **Versicherungen für Mitarbeiter**

Mitarbeiter sind das höchste Gut eines Unternehmens. Es sollte folglich im Interesse eines Unternehmens liegen, eigene Mitarbeiter abzusichern.

Zu den gängigsten Versicherungsformen gehören die betriebliche Altersvorsorge, die betriebliche Unfallversicherung, aber auch Direktversicherungen, z. B. Kapital- oder fondsgebundene Lebensversicherungen.

HINWEIS:
Der Arbeitnehmer besitzt die Möglichkeit, bei einem Wechsel des Arbeitgebers diese Versicherungen „mitzunehmen“ und ggf. durch den neuen Arbeitgeber weiter bedienen zu lassen.

- **Kfz-Haftpflichtversicherung**

Diese Versicherungsform beschreibt bereits mit ihrer Bezeichnung den Zweck einer Schadensabdeckung. Versichert sind sämtliche Personen, Sach- und Vermögensschäden rund um den betrieblichen Fuhrpark (falls vorhanden).

- **Produkt-Haftpflichtversicherung**

Diese Versicherungsform ist nicht gleichzusetzen mit der Betriebshaftpflicht. Sie deckt Schäden gegenüber Dritten ab, die durch fehlerhafte Produkte Schäden beim Kunden verursachen.

HINWEIS:
Optimal ist der Versicherungsabschluss einer Produkt-Haftpflicht in Verbindung mit einer Betriebshaftpflichtversicherung.

Businessplan, Finanz- und Finanzierungsplan

Sowohl für die Neugründung als auch für die Finanzierung größerer Projekte eines Unternehmens sollte, falls nicht genügend Eigenkapital vorhanden ist, ein überzeugender Businessplan erstellt werden. Neben den rein finanziellen Punkten sollte dieser Businessplan auch durch vorausschauende Analysen bekräftigt werden.

HINWEIS:
In den folgenden Ausführungen wird als Grundlage die Neugründung eines Unternehmens betrachtet. Die einzelnen Schritte sind aber in der Regel auch bei einer Projektfinanzierung gültig und gegenüber einem Finanzgeber auch zu erklären.

GESCHÄFTSIDEE

Die Geschäftsidee gehört zu den wesentlichsten Bestandteilen bei der Ausarbeitung eines Businessplans und sollte möglichst genau, vor allem realistisch, ausgearbeitet werden. Schließlich soll der Businessplan für andere Personen bzw. Kapitalgeber nicht nur verständlich sein, sondern auch deutlich machen, in welchen Teilen sich diese Unternehmensgründung von anderen Geschäftsmodellen unterscheidet und warum Kunden gerade das Produkt oder diese Dienstleistung kaufen bzw. in Anspruch nehmen sollen. Natürlich ist es auch für mögliche Kapitalgeber von großem Interesse, wie mit dieser Geschäftsidee mittel- und langfristig Geld verdient werden soll. Dabei ist es nicht selten, dass man sich folgende Fragen bezüglich der Geschäftsidee stellen sollte:

- Welche Vision steckt hinter der Geschäftsidee?
- Worin liegt der Antrieb, diese Geschäftsidee langfristig und erfolgreich umzusetzen?

Tipps für die Beschreibung einer Geschäftsidee

Das Gespräch mit der Bank oder möglichen Investoren steht an. Banker und Investoren sind gespannt auf Ihr Business, Ihr Konzept und Ihre Präsentation. Doch wie häufig, der Einstieg in die Geschäftsidee ist der schwierigste Teil der Präsentation. Die Geschäftsidee bildet die Grundlage der gesamten Präsentation und sollte daher bereits überzeugen und für Begeisterung sorgen.

Die folgenden Tipps sollen Ihnen dabei helfen, mit großer Überzeugung Ihr Geschäftsmodell vorzustellen.

Tipps:

• Die Beschreibung einer Geschäftsidee sollte kurz, klar und verständlich sein. Grundsätzlich sollte davon ausgegangen werden, dass Kapitalgeber keine Fachleute sind.

• Alle Beschreibungen eines Produktes oder einer Dienstleistung sollten nicht zu spezifisch, aber auch nicht inhaltsleer erfolgen. Lassen Sie auch Raum für Ideen, Veränderungen und Weiterentwicklungen.

• Der Kern der Geschäftsidee und der daraus resultierende Nutzen des Produktes bzw. der Dienstleistung müssen für den Kapitalgeber klar erkennbar sein.

• Besondere Merkmale, z. B. eine eigene entwickelte Software, sollte besonders hervorgehoben werden. Derartige Merkmale können den Unterschied zu bereits vorhandenen Produkten bzw. Dienstleistungen anzeigen.

• Werden im Geschäftsbetrieb der Neugründung Wartungs- oder Softwareverträge berücksichtigt? Ein wichtiger Hinweis, da dies lange Kundenbindungen verspricht.

• Ist die Geschäftsidee durch Patente gegenüber Wettbewerbern geschützt? Gibt es sogar schon einen aktuellen Patentschutz für das Produkt bzw. die Dienstleistung? In diesen Fällen sollte es hervorgehoben werden, da sich dadurch die Geschäftsidee gegenüber Mitbewerbern unterscheidet.

Ist ein Patentschutz dagegen erst geplant, sollte erläutert werden, wie die zu erwarteten hohen Kosten finanziert werden sollen.

• Ist das Produkt bzw. die Dienstleistung noch in der Entwicklung? Dann sollte sehr genau beschrieben werden, in welchem Stadium es bzw. sie sich befindet.

Gibt es zum Produkt bzw. zur Dienstleistung schon einen Prototyp bzw. einen Feldversuch, sollte explizit darauf hingewiesen werden. Wichtig hierbei ist u. a., das Ende einer Entwicklung aufzuzeigen und ebenso, mit welchen Kosten noch zu rechnen ist.

• Müssen noch gesetzliche Rahmenbedingungen umgesetzt werden? Dazu gehören z. B. Zertifizierungen (TÜV, CE). Diese sollten detailliert beschrieben werden, ebenso, in welchem Stadium sich diese Rahmenbedingungen befinden.

Marktanalyse

Die **Marktanalyse** ist ein wichtiger Bestandteil eines Businessplans. Dabei handelt es sich um eine Methode aus der Marktforschung, die das Marktpotenzial dahingehend untersucht, ob ein bestimmtes Produkt bzw. eine Dienstleistung überhaupt am Markt erfolgreich sein wird. Dazu richtet sich die Zielrichtung der Untersuchung einerseits auf den adressierbaren Markt, andererseits auf den erreichbaren Markt.

Um Ergebnisse zu erhalten, werden möglichst viele **Informationen** über **Markttrends, Konkurrenten** und, besonders wichtig, über **Unternehmen** oder **Einzelpersonen** gesammelt, die Interesse an dem Produkt bzw. der Dienstleistung haben könnten. Hilfreich für das Sammeln von Informationen könnten z. B. die Antworten auf folgende Fragen liefern:

- Welche Größe / welches Potenzial besitzt der aktuelle Markt?
- Welcher Anteil wäre für das Unternehmen von Interesse?
- Welche Strukturen herrschen am Markt? Dazu zählen z. B. die Anzahl der Mitbewerber inkl. deren Marktanteile, die Anzahl der vorhandenen bzw. zukünftigen Kunden und die Güter, die im Markt angeboten werden.
- Welche Einflüsse wirken am Markt?
- Welche Konkurrenz-Unternehmen befinden sich am Markt?
- Welcher Anteil am Markt ist für das Unternehmen / das Produkt realistisch erreichbar?
- Welche Entwicklung wird der Markt vermutlich in Zukunft nehmen?

Die Ergebnisse und die Darstellung einer Marktanalyse sind für Kapitalgeber von hohem Interesse und daher für einen Businessplan auch zwingend notwendig. Sie lassen Rückschlüsse zu, ob z. B. die Geschäftsidee positiv umsetzbar ist bzw. der Markt für das Produkt / die Dienstleistung einen realen Bedarf besitzt. Wie kann aber eine qualitativ aussagefähige Marktanalyse durchgeführt werden bzw. wie kommt man an aktuelle Daten? Dafür können zwei Möglichkeiten herangezogen werden:

Direkte Recherche

Diese im Regelfall manuell durchzuführenden Maßnahmen können sehr umfangreich werden, einen hohen Zeitaufwand mit sich bringen und möglicherweise auch kein hundertprozentiges Ergebnis bringen. Je höher allerdings dieser Prozentanteil ist, desto besser ist seine Aussagekraft. Hierbei wird das Unternehmen direkt tätig, sammelt also z. B. selbst Daten oder beauftragt

Meinungsforschungseinrichtungen (o. Ä.), die speziell im Auftrag des Unternehmens Daten erheben. Das geeignetste Hilfsmittel für eigene Recherchen wäre ein **Fragenkatalog**, der folgendermaßen zur Anwendung kommen könnte:

- Abfrage des Fragenkatalogs bei den potenziellen Kunden über E-Mail
  - **Nachteil:** Wenn nicht bereits bekannt, ist eine zeitintensive Suche nach E-Mail-Adressen nötig.
- Beauftragung eines externen Unternehmens, diesen Fragenkatalog manuell oder digital abzuarbeiten
  - **Nachteil:** Es fallen zusätzliche Kosten an.
- Persönliche Besuche bei den potenziellen Kunden, um diesen Fragenkatalog abzuarbeiten.
  - **Vorteil:** Das neue Unternehmen kann sich schon einmal präsentieren.
  - **Nachteil:** sehr zeitintensiv

Indirekte Recherche

Hierbei handelt es sich im Regelfall um **verlässliche Marktdaten**, die öffentlich einsehbar sind. Dabei sollten Sie das Alter der erhobenen Daten beachten und möglichst immer auf den neusten Datensatz, auf den Sie Zugriff haben, zurückgreifen. Zu diesen zählen u. a. Untersuchungen von:

- Industrie- und Handelskammern,
- Handwerkskammern,
- Forschungsinstituten,
- Finanzinstituten,
- Marktforschungsinstituten,
- statistischen Landes-/Bundesämtern.

Auch Berichte aus Branchen- und Fachzeitschriften können hilfreich sein.

WICHTIG für den Businessplan:

- Die Art der Recherchen sollte angegeben werden!
- Die Erkenntnisse/Ergebnisse sollten auf jeden Fall aktuell sein (höchstens drei Monate alt)!
- Grafiken verstärken die Recherchen!

Die schriftliche Ausarbeitung der Marktanalyse sollte inkl. Grafiken auf maximal 2 Seiten begrenzt sein.

Marktpotenzial

Das Marktpotenzial ist eine wichtige Komponente für den Businessplan. Grundsätzlich haben Kapitalgeber ein großes Interesse an den Chancen, die das Produkt bzw. die Dienstleistung im Markt hat.

Das Marktpotenzial ist ein wichtiger Bestandteil der Marktanalyse und der Gegenpart zum Marktvolumen. Während das Marktvolumen lediglich den **realen Absatz** eines Produktes berechnet, ermittelt das Marktpotenzial den zusätzlichen, **theoretischen Absatz** bei einer 100-prozentigen Sättigung des Marktes.

Daraus ergibt sich eine einfache **Gleichung:**

Marktpotenzial = Marktvolumen + zusätzlich theoretischer Absatz

Des Weiteren können durch die **Ergebnisse des Marktpotenzials** mathematisch **zwei weitere Kennzahlen** ermittelt werden:

- **das Absatzpotenzial**
Absatzpotenzial = Anzahl potenzieller Käufer (Zielgruppe) x Durchschnittsbedarf im Zeitraum „X“
- **das Umsatzpotenzial**
Umsatzpotential = Ergebnis Absatzpotenzial x Verkaufspreis Produkt

Adressierter Markt

Die Bezeichnung **„adressierter Markt“** beschreibt innerhalb der Berechnung des Marktpotenzials den **Kundenanteil, den das Unternehmen potenziell bedienen kann** (= Grundlage des Geschäftsmodells).

Für zukünftige Kapitalgeber erzeugt der adressierte Markt ein besonderes Augenmerk, da hiermit der mögliche Umsatz der Kunden dargestellt wird.

Erreichbarer Markt

Die Bezeichnung **„erreichbarer Markt"** beschreibt den **Anteil der Kunden im adressierbaren Markt**, die **tatsächlich vom Unternehmen bedient** werden können.

Für zukünftige Kapitalgeber erzeugt der erreichbare Markt ebenfalls ein besonderes Augenmerk, da hiermit der realistische Umsatz der Kunden dargestellt wird.

ZIELGRUPPENANALYSE

Bei der Zielgruppenanalyse handelt es sich um eine weitere, für den Businessplan wichtige Analyseform.

Korrekt dargestellt ergeben sich aus der Zielgruppenanalyse nicht nur **Rückschlüsse zum Kaufverhalten**, sondern auch für die Kaufgründe einer Person oder eines Unternehmens.

Zu diesen Gründen gehören z. B. Preis, Funktionalität, Problemlösung, Design des Produktes oder Form der Dienstleistung. Das sind alles wichtige Erkenntnisse, um langfristig am Markt erfolgreich zu sein und Kapitalgeber für eine Investition zu überzeugen.

Auch bei der Zielgruppenanalyse kann man analog zur Marktanalyse durch **eigene Recherchen** an aussagekräftige Informationen kommen. Sie ist aber ebenfalls sehr zeitintensiv. Einfacher, dabei aber nicht minder aussagefähig, kann man auch über bestimmte Tools (teils sogar kostenlos) im Internet zu Ergebnissen kommen. Zu den bekanntesten Tools gehören z. B.:

- **Google Trends**

Dieses Tool sammelt die Häufigkeit des Aufrufes von Suchbegriffen durch die Nutzer in der Suchmaschine Google. Die Ergebnisse werden im Verhältnis zum gesamten Suchaufkommen berechnet und wöchentlich veröffentlicht. Mithilfe des Tools lassen sich demnach z. B. Trendverschiebungen innerhalb von kleinen (wöchentlich) und auch großen Zeiträumen (z. B. mehrere Jahre umfassend) visualisieren, was dann als Grundlage für eine Zielgruppenanalyse herangezogen werden kann.

Aber auch Studien der **regionalen Verbraucherzentralen** oder von **unabhängigen Verbraucherorganisationen**, z. B. Stiftung Warentest, können aussagekräftige Ergebnisse liefern. Bei der Zielgruppenanalyse gilt ebenfalls, dass im

Businessplan grundsätzlich die Quelle der Informationen angegeben werden muss und die Daten relativ aktuell sind.

WICHTIG für den Businessplan: Benutzen Sie Grafiken!
Grafiken verstärken die Recherchen und helfen u. a. dabei, eine gewisse Ordnung in die nicht selten großen Datenmengen zu bringen. So lassen sich komplexe Sachverhalte und ausführliche Analysen effektiv, verständlich und zugänglich darstellen!

WETTBEWERBS-/KONKURRENZANALYSE

Insbesondere für Gründer eines Unternehmens ist neben der Geschäftsidee eine aktuelle und vor allem permanente Beobachtung des Marktes notwendig. Nur so kann umgehend auf plötzliche Veränderungen am Markt reagiert werden. Ohne diese Erkenntnisse besteht die Gefahr, dass Entscheidungen im Unternehmen nur halbherzig getroffen werden und dadurch risikoreich sind. Dauerhafte Wettbewerbs- und Konkurrenzanalysen gehören damit zu entscheidenden Methoden eines erfolgreichen Unternehmens.

Auch bei diesen Analysen handelt es sich um wichtige Bestandteile eines Businessplans. Schließlich sollen die möglichen Kapitalgeber sehr genau wissen, mit welchem Wettbewerb und welchen Konkurrenzunternehmen zu rechnen ist. Diese Analyse zu erstellen, erscheint auf den ersten Blick als recht schweres Unterfangen. Das muss es aber nicht sein. Für eine aussagekräftige Analyse sollten **fünf Schritte** umgesetzt werden:

Schritt 1: Wettbewerber/Konkurrenz erkennen!

Wie bei vielen Dingen ist der erste Schritt der schwierigste. So ist es auch in diesem Fall, da die **Konkurrenz** zuerst einmal **erkannt** werden muss. Die Recherche dafür ist sehr zeitaufwendig. Die Suche im Internet, das klassische Blättern der „Gelben Seiten“ und/oder direkte Besuche bei den Wettbewerbern/Konkurrenten kosten viel Zeit und sind nicht in wenigen Stunden erledigt. Bei der Recherche sollte in **drei Unternehmenstypen** unterschieden werden:

- Unternehmen, die **baugleiche Produkte** bzw. eine **identische Dienstleistung** anbieten;
- Unternehmen, die ein **ähnliches Produkt**, aber eine **identische Dienstleistung** anbieten;
- Unternehmen, die sogenannte **Substitutionsgüter** anbieten. Hierbei handelt es sich um Produkte, die als **Alternative** zu vorhandenen Produkten eingesetzt werden können, aber sowohl in der **Qualität** als auch in der **Leistung** nur **bedingt** mit den Originalprodukten vergleichbar sind.

Schritt 2: Besondere Merkmale des eigenen Produktes!

Um sich von anderen Unternehmen positiv abzugrenzen, sollte genau definiert werden, was das „gewisse Extra" ist, das die eigenen Produkte so besonders macht. Kurz gesagt sollten alle Besonderheiten hervorgehoben werden. Zur erfolgreichen Durchführung des zweiten Schritts sollte zuerst folgende Frage gestellt werden:

- Welche Merkmale sind für die Produkte/Dienstleistungen bzw. für die Branche des eigenen Unternehmens von besonderer Bedeutung?
- Als Antwort könnten z. B. folgende Merkmale herangezogen werden:
- Preisgestaltung,
- besondere Angebotspreise,
- vorhandene Marketingstrategien,
- Qualitätsstandards,
- neuartige und verbesserte Technologie

usw.

Sämtliche erkennbaren Merkmale sollten erfasst werden. Zur besseren Übersicht empfiehlt sich z. B. eine einfache Excel-Datei, eine Mindmap oder eine andere Organisationsmethode Ihrer Wahl.

Schritt 3: Besondere Merkmale des Konkurrenzproduktes!

Mit diesem Schritt werden die **erkennbaren Merkmale** der **Konkurrenzprodukte** mit den **eigenen Produkten verglichen**. Auch hierbei sollten sämtliche erkennbaren Merkmale erfasst werden.

Die Unternehmen, bei denen ein Merkmal oder sogar mehrere Merkmale **deckungsgleich** sind, dürften Ihre **direkten Konkurrenten** am Markt sein. Genau auf diese sollten Sie sich im folgenden Schritt konzentrieren.

Schritt 4: Stärken und Schwächen der stärksten Wettbewerber/Konkurrenten erkennen und bewerten!

Jetzt geht es darum, bei den **direkten Konkurrenten Schwächen zu erkennen** und diese mit einer Bewertung zu versehen.

Auch für diese Bewertung kann z. B. eine einfache Excel-Datei große Dienste leisten. Die Schwächen der stärksten Mitbewerber bzw. Konkurrenten werden erfasst und z. B. jeweils mit einfachen **Schulnoten von 1 bis 6 bewertet**. Diese Bewertung kann aufgrund fehlender Kenntnisse über die Mitbewerber **nur bedingt objektiv** sein. Trotzdem lassen sich daraus Rückschlüsse auf die stärksten Mitbewerber bzw. Konkurrenten schließen. Es geht letztendlich darum, eine Art Orientierungshilfe zu schaffen, um erfolgreich am Markt im Hinblick auf die Konkurrenz agieren zu können.

Achtung:
Nicht jede Schwäche hat auch entscheidende Auswirkungen auf das unternehmerische Handeln. Wichtig ist, dass die größten Schwächen mit dem meisten Potential zur negativen Entwicklung erkannt werden. An „Kleinigkeiten" (im Vergleich zu den großen Schwächen) sollte man sich also nicht „festbeißen".

Schritt 5: Entwicklung eines Konzeptes gegen Wettbewerber/Konkurrenten
Das Ergebnis des 4. Schrittes zeigt jetzt die Unternehmen an, gegen die das eigene Konzept in eine Strategie eingebunden werden muss, um einen entscheidenden Vorteil am Markt zu erringen, damit der Erfolg am Markt erzielt werden kann.

WICHTIG für den Businessplan:
In der Ausarbeitung für den Businessplan sollte explizit auf die untersuchten Kriterien, z. B. Standort, Größe des Unternehmens, Umfang der Geschäftsaktivität usw., hingewiesen werden.

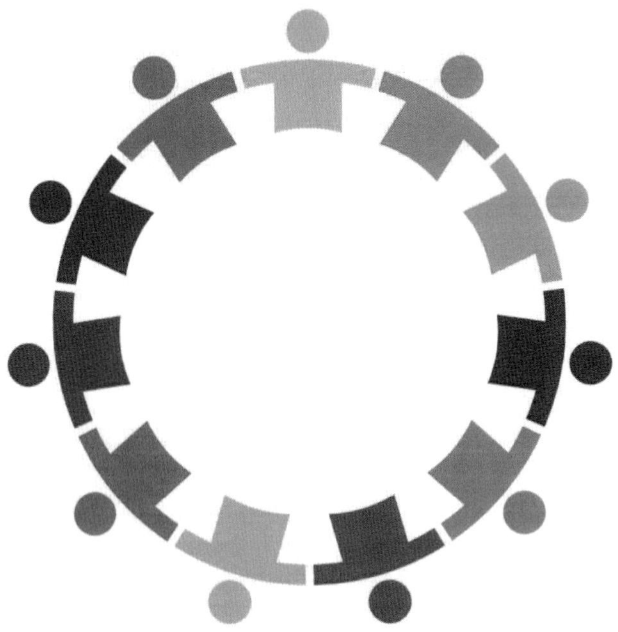

FINANZ-/FINANZIERUNGSPLAN

Beide Bezeichnungen werden häufig in Bezug auf ihre Bedeutung gleichgesetzt. Das ist grundsätzlich falsch, da es erhebliche Unterschiede gibt. Die einzige Gemeinsamkeit, die Finanz- und Finanzierungsplan besitzen, ist die Tatsache, dass sie Bestandteile eines Businessplans sind.

Der **Finanzplan** soll die **zukünftige Entwicklung eines Unternehmens** in **Zahlen** darstellen und dadurch erkennbar machen, ob das Unternehmen **wirtschaftlich tragbar** ist. Des Weiteren wird durch den Finanzplan deutlich gemacht, welche **Kapitalhöhe und Finanzierung** notwendig sind, um unternehmerisch **erfolgreich** zu sein. Nach Sicherstellung der Finanzierung wird der Finanzplan durch eine Rentabilitätsrechnung abgeschlossen.

Der **Finanzierungsplan** zeigt dagegen auf, welche **Gründe für eine bestimmte Finanzierungsform** vorliegen und wie sich durch die Finanzierung das zukünftige Verhältnis zwischen Eigen- und Fremdkapital darstellen wird.

Rentabilitätsrechnung

Hierbei handelt es sich um eine **Methode der Investitionsrechnung**. Genauer gesagt bedeutet dies:

Mit dieser Methode wird die jährlich anfallende **Rentabilität eines Produktes/einer Dienstleistung** berechnet. Das Ergebnis* ist ein prozentualer Wert, der die Verzinsung des gebundenen Kapitals innerhalb einer Wirtschaftsperiode anzeigt. Die Rentabilität ist eine wichtige Kennzahl für neue Investitionen.

***Anmerkung**: Die Formel wurde bereits im Kapitel 5.2 (Thema Investitionsrechnung) erklärt.

Aufbau eines Finanzplans

Grundsätzlich gibt es **kein vorgegebenes Muster eines Finanzplans**. Allerdings hat sich im Laufe der Jahre ergeben, dass nachfolgende acht Unterlagen in einem Finanzplan vorhanden sein sollten.

Umsatzplanung
Diese Planung soll aufzeigen, welche Einnahmen durch den Verkauf des Produktes / der Dienstleistung generiert werden und welcher Gewinn zu erwarten ist.

Kostenplanung
Diese Planung soll darstellen, welche fixen und variablen Kosten im Unternehmen anfallen.

Zu den fixen Kosten zählen u. a. Löhne und Gehälter, Mieten, Energie-, Versicherungs- und Marketingkosten. Zu den variablen Kosten zählen u. a. die Aufwendungen für Rohstoffe und Materialeinkäufe.

Investitionskosten
Hierbei handelt es sich um notwendige Anschaffungen von Maschinen, Werkzeugen, Mobiliar und Kraftfahrzeugen.

Betriebskosten (u. a. Energiekosten, Internetkosten, Softwarekosten usw.)

Gründungskosten
Hierunter fallen sämtliche Kosten, die für eine Neugründung anfallen. Dazu gehören u. a. Notarkosten, Kosten für Handelsregistereintragungen oder Beratungskosten.

Liquiditätsplanung / Kapitalbedarf

Rentabilitätsrechnung

Finanzierungsplan

Finanzierungsplan

In einem Finanzierungsplan werden sämtliche Aufwendungen und Finanzierungsmittel aufgelistet, die sowohl für eine Unternehmensgründung als auch für Einzelprojekte entscheidend sind. Er ist ein wichtiger Teil des Businessplans. Inhaltlich soll dieser Plan aufzeigen, wie Kosten und Ausgaben im Verhältnis zum benötigten Kapitalbedarf stehen. Gleichzeitig soll im Finanzierungsplan auch dargestellt werden, wie eine Liquidität, mittel- und langfristig, gesichert ist. Für Kapitalgeber ist dies von großer Bedeutung, da angezeigt wird, wie eine drohende Verschuldung vermieden wird.

Der Finanzierungsplan gliedert sich in drei Teile:

- Aufwendungen (Anschaffungs- und Herstellungskosten),
- vorhandenes Eigenkapital,
- benötigtes Fremdkapital.

Liquiditätsvorschau

Für mögliche Kapitalgeber ist nicht nur die Höhe des benötigten Kapitals wichtig, sondern auch die sogenannten **flüssigen Mittel**, also die **Liquidität**, durch die eine Geschäftsaktivität eines Unternehmens dauerhaft aufrechterhalten wird. Ganz einfach dargestellt: Gehen einem Unternehmen die liquiden Finanzmittel aus und können dadurch fällige Aufwendungen nicht mehr beglichen werden, droht die Insolvenz.

Die Erstellung einer **Liquiditätsvorschau** ist keine besonders schwierige Angelegenheit. Eine einfache tabellarische Gegenüberstellung der **zu erwarteten Zahlungseingänge** und der **erwarteten Zahlungsausgänge** ist bereits ausreichend. Diese Daten sollten stets ehrlich, realistisch und plausibel dargestellt werden.

Die **Zahlungseingänge** setzen sich aus den zu **erwarteten Erlösen** zusammen. Damit sind aber nicht nur die klassischen Rechnungen gemeint, sondern auch das **Eigenkapital** und das **geplante Fremdkapital** wirken sich auf die Liquidität des Unternehmens aus. Beides sollte daher ebenfalls im Liquiditätsplan berücksichtigt werden.

Die **Zahlungsausgänge** setzen sich aus mehreren Einzelpositionen zusammen:

- Investitionskosten
- Beschaffungskosten, z. B. Ersatzteile, Montagematerial, Verpackung
- Mieten inkl. Nebenkosten
- Versicherungskosten
- Verwaltungskosten, z. B. Kfz-Kosten, Leasing, Werbungskosten, Reisekosten
- Personalkosten
- Steuern

WICHTIG:
In der Liquiditätsvorschau dürfen keine Abschreibungen aufgrund von Wertverlusten aufgeführt werden. Wertverluste sind daher nicht zahlungswirksam und können jährlich in Steuererklärungen geltend gemacht werden.

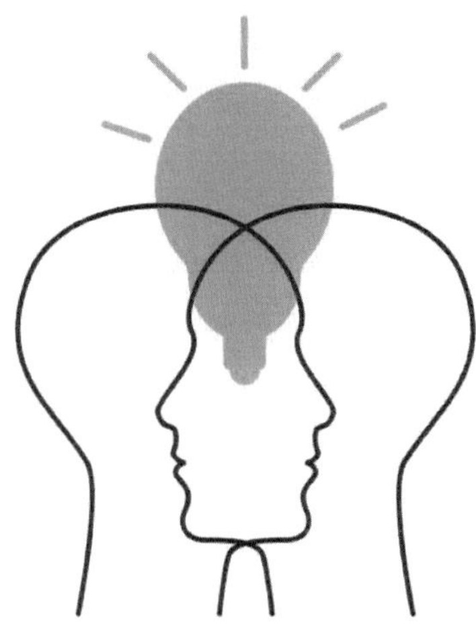

Aufbau eines Businessplans

Ein überzeugender Businessplan hängt von einer sehr guten und gründlichen **Vorbereitung** ab.

Zu einem **guten Businessplan** zählt daher in erster Linie die Bereitstellung ausreichend **betriebswirtschaftlicher Zahlen**, aber auch **rein informative Daten** und **Fakten**, die diese **Zahlen unterstützen,** gehören in den Businessplan.

Kapitalgeber erwarten, setzen sogar voraus, dass diese Zahlen, Daten und Fakten realistisch sind und nachvollziehbar erläutert werden.

Ein Businessplan sollte neben den aussagefähigen und nachvollziehbaren Inhalten durch einen **strukturierten Aufbau** überzeugen. Grob dargestellt gliedert sich ein Businessplan in **zwei Abschnitte**:

Im **ersten Teil** befinden sich lediglich Informationen, die nicht mit wirtschaftlichen Zahlen belegt werden können. Hierzu gehören z. B.:

- die Unternehmensstrategie,
- die Unternehmensführung,
- die Unternehmensstruktur,
- die Rechtsform,
- das Produktportfolio,
- die Produktherstellung,
- die Kundenzielgruppe,
- das Marketing,
- das Personal.

Im **zweiten Teil** finden sich alle Informationen, die real mit wirtschaftlichen Zahlen belegt werden können. Hierzu gehören z. B.:

- die Kosten einer Unternehmensgründung,
- die Kosten für Investitionen,
- der Kapitalbedarf,
- der Finanzierungsplan,
- die Umsatzplanung,
- die Ertragsplanung,
- die Gewinnplanung,
- die Liquiditätsplanung.

GLIEDERUNG EINES BUSINESSPLANS

HINWEIS:
Die nachfolgenden Auflistungen beziehen sich auf die Neugründung eines Unternehmens, können jedoch auch bei einem Businessplan für Finanzierungen von Projekten einbezogen werden!

Ein noch so gut strukturierter Aufbau kommt nicht ohne Inhalte aus. Aber wie kann man einen Businessplan sinnvoll mit **Inhalten** füllen? Dafür empfiehlt sich ein **Leitfaden des BMWK**, also des Bundesministeriums für Wirtschaft und Energie. Dieser Leitfaden weist eine Gliederung von insgesamt zehn Kapiteln auf und wird auch häufig als der **„rote Faden"** des Businessplans bezeichnet. Die Inhalte der folgenden zehn Kapitel sind lediglich als **Hinweise** zu betrachten und **müssen nicht eins zu eins umgesetzt werden**. Anbei nun eine kurze Zusammenfassung:

Kapitel 1 (Empfehlung durch BMWK = 2 Seiten maximal)
Executive Summary: Hierbei handelt es sich um eine Zusammenfassung betrieblicher Daten/Informationen, z. B.:

- Benennung des zukünftigen Unternehmens?
- Geschäftsbeginn des Unternehmens? Geschäftsidee des Unternehmens?
- Wie definiert sich die Exklusivität der Geschäftsidee?
- Welche Ziele werden kurz-, mittel- und langfristig angestrebt?
- Welche Faktoren liegen vor, um den wirtschaftlichen Erfolg zu gewährleisten? Ist die Einstellung von Personal geplant?
- Wird bei dem Personal ein besonderer Ausbildungsstand vorausgesetzt?

Kapitel 2 (Empfehlung durch BMWK = 1 Seite maximal)
Gründerperson: Hierbei handelt es sich um eine Zusammenfassung persönlicher Daten und Informationen, z. B.:

- Name des Gründers / der Gründerin?
- Liegen spezifische Qualifikationen bzw. berufliche Erfahrungen für die Gründung vor?
- Sind Branchenkenntnisse vorhanden?
- Welche kaufmännischen und betriebswirtschaftlichen Kenntnisse liegen vor? Wo liegen die persönlichen Stärken? Wo liegen die persönlichen Schwächen?
- Wie sollen die persönlichen Schwächen ausgeglichen werden?

Kapitel 3 (Empfehlung durch BMWK = 3 Seiten maximal)
Informationen zum zukünftigen Produkt / zur zukünftigen Dienstleistung: Hierbei handelt es sich um eine Zusammenfassung kaufmännischer und technischer Fakten, z. B.:

- Welche Dienstleistung / welches Produkt sollen im Detail angeboten werden?
- Was zeichnet das Produkt / die Dienstleistung besonders aus?
- Wann soll der Verkauf des Produktes / der Dienstleistung starten?
- Welche Voraussetzungen fehlen noch bis zum Starttermin?
- Ist das Produkt / die Dienstleistung bereits vorentwickelt bzw. vorgeplant?
- Ist eine Marketingstrategie bereits entwickelt?
- Müssen gesetzliche Vorgaben eingehalten werden?
- Soll das Produkt in Eigenfertigung produziert oder zugekauft werden?
- Sind bereits für eine Eigenfertigung sämtliche technischen Prozesse entwickelt?
- Was macht die angebotene Dienstleistung so besonders?
- Liegen noch offene Entwicklungsschritte vor?
- Ist eine Testserie geplant? Wer führt diese Testserie durch?
- Ist ein Patentierungsverfahren vorgesehen?
- Wann wird das Patentierungsverfahren abgeschlossen sein?
- Sind besondere technische Zulassungen erforderlich?
- Liegen Patent- bzw. Musterschutzrechte vor oder sind solche beantragt?

Kapitel 4 (Empfehlung durch BMWK = 3 Seiten maximal)
Markt- und Standortanalyse: Hierbei handelt es sich um eine Darstellung der zukünftigen Unternehmens-, Standort-, Markt- und Kundensituation, z. B.:

- Wie setzt sich das zukünftige Kundenklientel zusammen?
- Wo befinden sich die Firmensitze der zukünftigen Kunden?
- Wie hoch ist der Anteil von Privat-, Geschäfts- und Großkunden?
- Gibt es bereits Referenzkunden?
- Welcher Umsatz wird mit dem Produkt / der Dienstleistung angestrebt?
- Sind Anforderungen bzw. Probleme der zukünftigen Kunden bekannt?
- Liegen Informationen/Daten zu möglichen Mitbewerbern vor?
- Wie gestaltet sich der Preis des Produktes / der Dienstleistung?
- Wie gestalten sich diese Preise bei Mitbewerbern?

- Welche Stärken/Schwächen weisen die Mitbewerber auf?
- Sind Stärken/Schwächen beim eigenen Unternehmen erkennbar?
- Wie sollen diese Schwächen ausgeglichen werden?
- Wo befindet sich der zukünftige Standort des Unternehmens?
- Warum fiel die Entscheidung auf diesen Standort?
- Sind Nachteile für diesen Standort bekannt?
- Wie sollen diese Nachteile behoben werden?
- Liegt eine Entwicklungsanalyse für den geplanten Standort vor?

Kapitel 5 (Empfehlung durch BMWK = 3 Seiten maximal)
Marketing und Vertrieb: Hierbei handelt es sich um eine Darstellung der zukünftigen Marketing- und Vertriebsplanungen, z. B.:

- Worin wird der Nutzen des Produktes / der Dienstleistung für den Kunden gesehen?
- Warum ist das Produkt / die Dienstleistung besser als die Angebote der Mitbewerber?
- Wie sieht die Preisstrategie für das Produkt / die Dienstleistung aus?
- Wie ist die Kalkulation der Verkaufspreise?
- Wie hoch soll der Umsatz in unterschiedlichen Zeiträumen ausfallen?
- Sollen externe Vertriebspartner eingebunden werden?
- Wie hoch sind die Kosten des Vertriebs in der Anfangsphase / in der Folgephase kalkuliert?
- Mit welchen Maßnahmen/Aktionen sollen die zukünftigen Kunden erreicht werden?
- Sind bereits Werbemaßnahmen geplant?
- Welche Kosten sind für diese Werbemaßnahmen kalkuliert?
- Soll das Produkt / die Dienstleistung besonders beworben werden?

Kapitel 6 (Empfehlung durch BMWK = 3 Seiten maximal)

Unternehmensaufbau und Personal: Hierbei handelt es sich um die Planung der zukünftigen Organisation, der Rechtsform des Unternehmens sowie die erste Personalplanung, z. B.:

- Mit welcher Rechtsform soll das Unternehmen ausgestattet werden?
- Warum ist die Entscheidung auf diese Rechtsform gefallen?
- Welcher Vorteil ergibt sich aus dieser Rechtsform?
- Wie ist die Organisation innerhalb des Unternehmens geplant?
- Welche Bereiche übernehmen welche Funktionen/Arbeitsbereiche?
- Wird bereits zu Beginn ein Controlling aufgebaut?
- Welcher Führungsstil soll im Unternehmen eingeführt werden?

Kapitel 7 (Empfehlung durch BMWK = 2 Seiten maximal)

Risiko- und Chancenbewertung: Hierbei sollen bereits im Vorfeld der Unternehmensgründung erkennbare Risiken und Chancen aufgelistet werden, z. B. durch folgende Fragestellungen:

- Wo werden die drei größten Chancen für eine erfolgreiche Entwicklung des Unternehmens gesehen?
- Gibt es bereits Maßnahmen, diese Chancen zu nutzen?
- Wo werden die drei größten Risiken für eine erfolgreiche Entwicklung des Unternehmens gesehen?
- Gibt es bereits Maßnahmen, diese Risiken zu verhindern?

Kapitel 8 (Empfehlung durch BMWK = 4 Seiten maximal)

Finanzierung: In diesem Kapitel werden sämtliche Finanzwerte aufgelistet, die für die Finanzierung einer Unternehmensgründung oder die Umsetzung eines Projektes benötigt werden, z. B.:

- Mit welchem monatlichen Rechnungseingang (aufgeschlüsselt auf die ersten 3 Geschäftsjahre) wird kalkuliert?
- Wie hoch wird der nötige Kapitalbedarf (aufgeschlüsselt auf die ersten 12 Monate) beziffert? Dazu gehören u. a.:
- die Anschaffungskosten für Material,
- Miete, Leasing, Kraftfahrzeuge,
- Personalkosten,
- Versicherungen,
- Gründungskosten, sonstige Kosten.

- Liegen bereits Kostenvoranschläge für Einzelmaßnahmen vor?
- Wie hoch werden die monatlichen Tilgungs- und Zinsbeträge (aufgeschlüsselt auf das 1. Geschäftsjahr) beziffert?
- Welche Liquiditätsreserven sollen aufgebaut werden (aufgeschlüsselt auf die ersten 12 Monate)?
- Ist Eigenkapital vorhanden? Wenn ja, in welcher Höhe?
- Könnten persönliche Sicherheiten eingesetzt werden?
- Stehen weitere Kapitalgeber bereit?
- Können Förderprogramme oder behördliche Zuschüsse in Anspruch genommen werden?

Kapitel 9 (Empfehlung durch BMWK = 1 Seite maximal)

Achtung:
Betrifft ausschließlich Neugründungen!

Private Lebenshaltungskosten: In diesem Kapitel werden sämtliche Kosten aufgeführt, die zum privaten Lebensunterhalt notwendig sind. Kapitalgeber legen insbesondere auf dieses Kapital ihr besonderes Augenmerk. Werden die Lebenshaltungskosten nicht von den Gewinnen nach Abzug sämtlicher Kosten getragen, macht die Gründung eines Unternehmens keinen Sinn.

- Welcher Betrag wird für die monatlichen Lebenshaltungskosten benötigt?
- Welcher Betrag wird für die persönlichen Bedarfskosten, z. B. Krankheit, Urlaub usw., benötigt?

Kapitel 10 (keine Empfehlung durch BMWK)
Anlagen, also als separate Belege beizulegen, z. B.:

- tabellarischer Lebenslauf des Antragsstellers;
- vorhandene Entwürfe von Leasingverträgen, Mietvertrag, Gesellschaftervertrag usw.;
- sämtliche vorhandenen Analysen und Kennzahlen;
- vorliegende Gutachten;
- bestehende Patent- und Schutzrechte;
- Aufstellungen der persönlichen Sicherheiten;
- bereits vorhandene Lebensläufe von möglichen Mitarbeitern.

Selbstverständlich können **zusätzliche Kapitel oder Unterlagen** nach **eigenem Bedürfnis beigefügt werden**. Bedenken Sie aber, dass mit zunehmenden Volumen der Businessplan unübersichtlicher wird. Halten Sie sich daher besser an folgenden **Kernsatz** für die Ausarbeitung eines Businessplans:

„Kurz, knapp, kräftig – aber aussagefähig!"

Sollten Sie trotz alledem das Gefühl haben, dass ein bestimmtes Detail in Ihrer Ausarbeitung zu kurz geraten ist, können Sie dies auch mündlich bei der Präsentation Ihres Businessplans oder in der darauffolgenden Diskussion ansprechen. Sie sollten sowieso davon ausgehen, dass nach der Präsentation und vor Bewilligung einer finanziellen Unterstützung noch eine Menge Fragen aufkommen werden. Nutzen Sie aufkommende Fragen und konstruktive Kritik als Weiterentwicklungschance!

Präsentation eines Businessplans

Die Ausarbeitung eines Businessplans endet nicht mit dem Zusammenfügen einzelner Blätter und dem Verteilen einer Mappe. Im Regelfall wird eine **persönliche Präsentation** Ihres Plans gefordert.

Die **Präsentation des Businessplans** ist ein ausschlaggebender Punkt, um Kapitalgeber für Ihr Projekt zu begeistern. Bereiten Sie sich deshalb intensiv auf die Präsentation Ihres Businessplans vor. Sie haben nur diese eine Chance. Eine unsichere, offensichtlich unvorbereitete Präsentation dürfte bereits das Ende Ihrer Bestrebungen sein.

Auch wenn es banal klingt: Sie müssen Ihr Konzept bis in das kleinste Detail kennen. Erwarten Sie kritische Fragen Ihrer Gegenüber und antworten Sie umgehend klar und verständlich. Ein hektisches Nachblättern im Plan zeigt Ihren Gesprächspartnern, dass Sie offensichtlich die Inhalte Ihres Businessplans nicht beherrschen. Nachfolgend noch einige, teilweise ungewöhnliche Tipps für eine überzeugende Präsentation.

Tipp 1: Ihr Businessplan muss eine Kernbotschaft beinhalten!

Die Kernbotschaft Ihrer Geschäftsidee muss bereits in Ihrem ersten Satz nicht nur erkennbar, sondern auch überzeugend sein und sich als roter Faden durch die gesamte Präsentation ziehen. Bringen Sie diese Kernbotschaft immer wieder an bestimmten Punkten während der Präsentation in das Gedächtnis Ihrer Zuhörer zurück. Nutzen Sie dafür leicht verständliche Aussagen, die sich Ihre Gegenüber **schnell merken** können und vor allem auch **sofort verständlich** sind. Dies sind **klassische Eigenschaften eines Werbeslogans** – und Sie wollen doch für Ihren Businessplan werben, nicht wahr?

Beispiele einer Kernbotschaft:

• **Schlechte Kernbotschaft:** „Unsere Kunden erhalten eine 100-prozentige Qualität bei der Behebung ihrer IT-Probleme!“

• **Gute Kernbotschaft:** „Es ist keine Zeit mehr frei für andauernde IT-Probleme!“

Tipp 2: Das Ziel Ihrer Präsentation muss erkennbar sein!
Sie sollten sich im Klaren sein, welches Ziel Sie mit Ihrer Präsentation **erreichen** wollen. Vermitteln Sie dies auch Ihren Zuhörern. Um dabei nicht aus dem Konzept zu kommen, notieren Sie sich die **Highlights Ihres Businessplans** und nutzen Sie diese als **Leitlinie** Ihrer Präsentation.

Tipp 3: Überzeugen Sie durch „Mitgefühl“!
Sicherlich werden Sie jetzt das Wort „Mitgefühl“ kaum in einer wirtschaftlich aufgebauten Präsentation vermuten. Es ist auch ganz anders gedacht! Während Ihrer Präsentation werden Sie garantiert an den Punkt kommen, an dem über Ihr Projekt detaillierter gesprochen wird.

Sollten Sie bereits über etwas „Handfestes“, ein **Produkt**, einen **Prototyp**, ein **Bauteil** oder eine **Materialprobe**, aus diesem Projekt verfügen, lassen Sie es **reihum gehen**. Ihre Kapitalgeber können dadurch **„mit-fühlen“** und dieses Produkt zumindest in Teilen kennenlernen.

Achtung:
Dies gilt vor allem für die Kapitalsuche bei der Umsetzung eines produktbezogenen Projektes.

Tipp 4: Das Geheimnis!
Platzieren Sie zu Beginn Ihrer Präsentation unauffällig **einen Karton, eine Schachtel oder Ähnliches** gut sichtbar **in Ihrer Nähe**. Erklären Sie nichts zu diesem Behälter und beachten Sie ihn auch nicht mehr. Der Effekt bei Ihren Zuhörern wird **Spannung** sein – Spannung, die sich auch auf Ihre Präsentation niederschlägt. Schließlich möchte jeder den Zeitpunkt nicht verpassen, an dem Sie auf diesen Behälter zu sprechen kommen. Nach Ende Ihrer Präsentation werden Sie mit ziemlicher Sicherheit auf die Bewandtnis dieses Behälters angesprochen. Auch Sie selbst können nach einiger Zeit das „Rätsel“ um den Inhalt lösen. Jetzt lüften Sie das Geheimnis und analog zum vorherigen Tipp entnehmen Sie Ihr Produkt, einen Prototyp, ein Bauteil oder eine Materialprobe, daraus und geben es in die Runde der Zuhörer. Als besondere Pointe können Sie jetzt noch folgende Bemerkung einstreuen: **„Sehen Sie, unser Produkt ist keine Vision. Es existiert bereits!“**

Tipp 5: Eine Forderung zum Abschluss!
Mit der Präsentation Ihres Businessplans wollen Sie ausschließlich eins erreichen: Ein überzeugendes **„Ja"** Ihrer Zuhörer und somit eine Bereiterklärung, mit ihrem Kapital Ihr Unternehmen zu unterstützen. Nutzen Sie deshalb die Wirkung Ihrer Präsentation und beenden Sie diese nicht mit einer gängigen Floskel. Eine **wirkungsvolle Marketingfloskel,** nicht zu banal formuliert, bietet sich hier an:

- **Beispiel einer „normalen" Floskel:** „Meine Damen und Herren, ich bedanke mich für Ihre Aufmerksamkeit und die Zeit, die Sie mir gewidmet haben!"
- **Wirkungsvolleres Schlusswort:** „Ich bin hundertprozentig davon überzeugt, dass dieses Produkt eine Revolution auf dem Markt darstellt. Nutzen Sie also die Chance und kooperieren Sie mit uns. Vertrauen Sie mir: Das wird ein voller Erfolg für alle beteiligten Seiten!"

GESPRÄCHSFÜHRUNG

Der Erfolg einer Präsentation ist nicht nur abhängig von Fakten und Zahlen, sondern auch von einer überzeugenden Gesprächsführung. Wer sich unsicher fühlt, stottert bzw. sich ständig wiederholt, erzeugt nur wenig Begeisterung bei den Zuhörern. Doch genau diese Begeisterung soll schlussendlich geweckt werden. Eine Methode aus der Kommunikationslehre kann dabei ein hervorragendes Hilfsmittel sein: Das AIDA-Modell.

Das AIDA-Modell

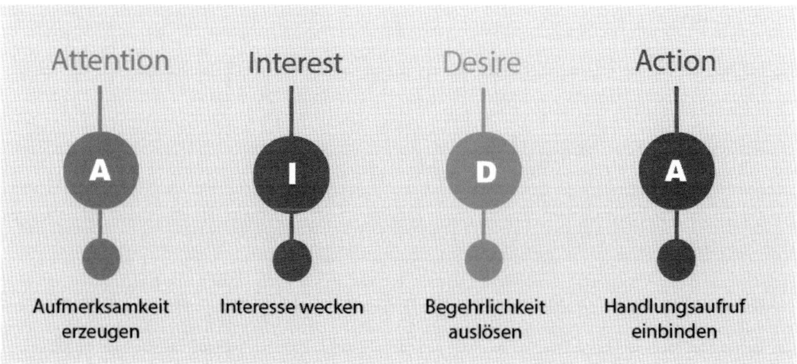

Das AIDA-Modell wurde als Grundlage für verschiedenste Werbestrategien entwickelt und ist deshalb flexibel einsetzbar. Dabei soll in **vier Stufen** das Interesse geweckt und bis zum Kauf des Produktes aufrechterhalten werden.

Die Anfangsbuchstaben des Begriffs AIDA stehen dabei für die vier einzelnen Schritte:

A = Awareness (Aufmerksamkeit beim Kunden erregen)

I = Interest (Interesse wecken)

D = Desire (Begehrlichkeit auslösen)

A = Action (Handlungsaufruf einbinden und somit z. B. den Kauf auslösen)

Integrieren Sie doch einfach die Maßnahmen aus dem AIDA-Modell in die Präsentation eines Businessplans. Erzeugen Sie Aufmerksamkeit, sorgen Sie für Interesse, steigern Sie das Verlangen und „verkaufen" Sie den Businessplan erfolgreich. So schließt sich der Kreis von einer Marketingstrategie zur Präsentation eines Businessplans.

Selbstmanagement

Dieser Satz soll, etwas einfacher ausgedrückt, nichts anderes beschreiben als folgende **Kernaussage:** Alle beruflichen Aufgaben werden durch das Selbstmanagement so geplant und erledigt, dass noch genügend Freizeit für private Aktivitäten zur Verfügung steht!

Diese Aussage klingt einerseits recht plausibel, andererseits aber auch durchaus provozierend. Es hat sich doch vermutlich jeder schon einmal (oder mehrmals) in dieser Situation wiedergefunden: Die Arbeit wächst einem über den Kopf und nur durch Überstunden ist dieser Wust an Arbeit zu bewältigen! Schnell kommen in dieser Situation die gutgemeinten Ratschläge anderer, z. B.:

- Mach doch mal eine Pause!
- Da hilft nur ein besseres Zeitmanagement!

Diese „seelische" Unterstützung ist zwar anerkennenswert, hilft aber dauerhaft nicht. Insbesondere der Hinweis auf ein besseres Zeitmanagement ist grundsätzlich falsch. Zwar tragen beide Bezeichnungen den Wortteil „Management" in sich, doch Selbstmanagement und Zeitmanagement werden leider immer miteinander gleichgesetzt. Das ist falsch! Es gibt große Unterschiede:

- **Zeit lässt sich nicht managen!** Sie ist da und läuft Sekunde um Sekunde statisch ab.
- **Sich selbst kann man aber managen!** Dafür stehen unzählige Methoden als Hilfsmittel zur Verfügung.

Nachfolgend werden einige dieser Methoden des Selbstmanagements vorgestellt.

Methoden des Selbstmanagements

Zu den **bekanntesten Methoden** eines Selbstmanagements zählen:

- ABC-Analyse,
- Eisenhower-Prinzip,
- ALPEN-Methode,
- Zwei-Minuten-Regel.

Diese sollen nun kurz erläutert werden.

ABC-Analyse

Bei der Methode der ABC-Analyse geht es darum, alle anstehenden Aufgaben nach ihrer Wichtigkeit aufzuteilen. Dadurch entsteht ein überschaubarer Maßnahmenplan, der kontrolliert abgearbeitet werden kann. So entstehen keine zeitlichen Schwierigkeiten.

Umsetzung der ABC-Analyse

Sämtliche anstehenden Aufgaben werden nach ihrer Wichtigkeit in **drei Stufen** aufgeteilt. Dazu erhalten die Aufgaben eine Klassifizierung nach Buchstaben. Dabei bedeutet:

- „A“ = sehr wichtig (muss umgehend erledigt werden),
- „B“ = weniger wichtig (kann später oder delegiert werden),
- „C“ = nicht wichtig (kann delegiert werden oder unbearbeitet bleiben).

Im Ergebnis werden die Aufgaben nach Wichtigkeit selektiert und gleichzeitig wird der eigene Arbeitsaufwand reduziert.

Eisenhower-Prinzip

Wie die Bezeichnung bereits verrät, ist diese Methode eng verbunden mit **Dwight. D. Eisenhower** (* 14.10.1890, † 28.03.1969), dem 34. Präsidenten der Vereinigten Staaten von Amerika. Er hatte seine anstehenden Aufgaben in verschiedene Kategorien und nach Wichtigkeit eingruppiert.

Dabei unterschied er zwischen den folgenden Kategorien:

- **Kategorie „Erledigen“**: ist wichtig und aktuell; muss umgehend erledigt werden
- **Kategorie „Terminieren“:** ist wichtig, aber noch nicht aktuell; kann auf einen späteren Termin verlegt werden
- **Kategorie „Delegieren“:** ist zwar dringend, aber persönlich unwichtig; kann delegiert werden
- **Kategorie „Ignorieren“:** ist nicht eilig und auch nicht wichtig; kann ignoriert werden

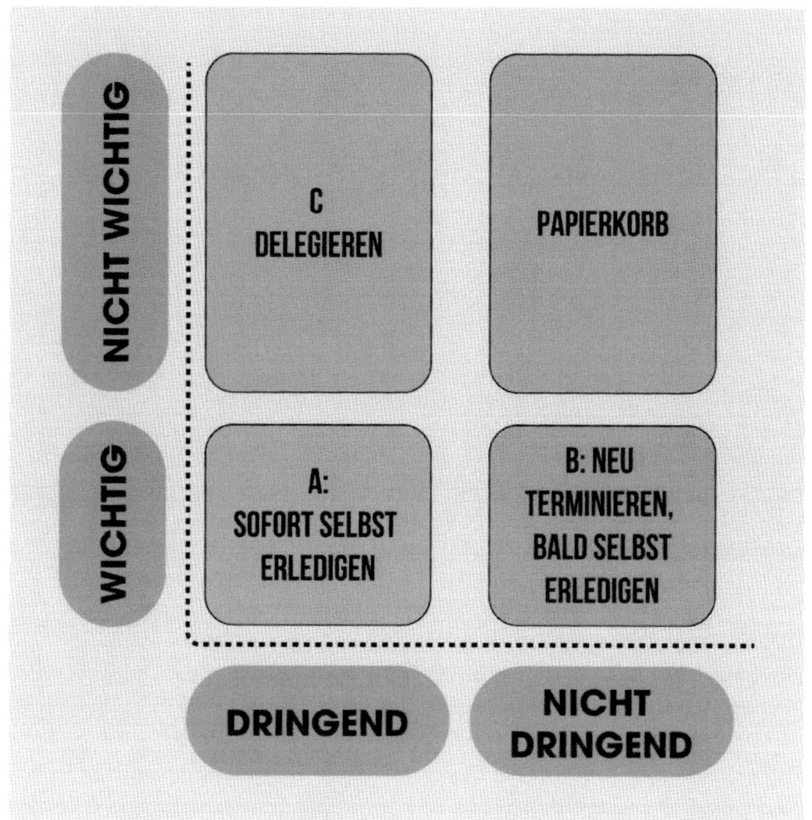
NICHT WICHTIG
WICHTIG
C
DELEGIEREN
PAPIERKORB
A:
SOFORT SELBST
ERLEDIGEN
B: NEU
TERMINIEREN,
BALD SELBST
ERLEDIGEN
DRINGEND
NICHT
DRINGEND

ALPEN-Methode

Während sich die bisher beschriebenen Methoden auf das gesamte Arbeitsvolumen beziehen, zeigt die ALPEN-Methode die einzelnen Abwicklungsschritte einer einzelnen Arbeitsaufgabe an. Davon können allerdings an einem Arbeitstag mehrere anfallen, die aber alle einzeln betrachtet werden müssen.

Jeder einzelne Buchstabe steht dabei für die Wichtigkeit des Arbeitsschrittes:

- „A" = Aufgabe muss aufgeschrieben werden.
- „L" = Der Arbeitsaufwand muss ermittelt werden.
- „P" = Pufferzeit muss eingeplant werden.
- „E" = Entscheidungen müssen getroffen werden.
- „N"= Es muss nachkontrolliert werden, um den aktuellen Status des Arbeitsschrittes zu ermitteln.

Zwei-Minuten-Regel

Diese Methode basiert auf einem **einfachen Grundsatz**:

Wenn Aufgaben innerhalb von zwei Minuten erledigt werden können, sollten sie sofort erledigt werden. Es wird nicht aufgeschoben! Es gelten keine Ausreden für die nicht sofortige Erledigung.

Hintergrund dieser Methode ist, dass gerade die Summe kleiner Aufgaben in der Regel dafür verantwortlich ist, dass eine große Aufgabe nicht erledigt werden kann. Die Zwei-Minuten-Regel wirkt auch psychologisch. Das immer wieder ausgesprochene „Das habe ich aber geschafft" ist weitaus aufmunternde als „Da bleibt aber einiges heute unerledigt".

Zeitmanagement

Die eigene Zeiteinteilung effektiv zu gestalten, um eine möglichst hohe Arbeitsproduktivität zu erhalten, ist das **Ziel eines Zeitmanagements.** Um dies zu erreichen, ist ein hoher Grad an Selbstorganisation erforderlich.

Ein **optimales Zeitmanagement** sorgt dafür, dass die Aufgaben

- exakt geplant werden,
- organisiert werden,
- störungsfrei umgesetzt werden,
- nach Umsetzung ausgewertet werden.

Ein optimales Zeitmanagement kann einerseits durch spezielle Methoden umgesetzt werden, andererseits bringen aber auch ganz simple Tipps einen Erfolg. Bei den Methoden können z. B. die bereits beschriebenen **Methoden des Selbstmanagements** eingesetzt werden. Es stehen aber noch **weitere Methoden** zur Verfügung, z. B.:

GTD-System (Getting-Things-Done-System)

Diese Methode ist die am häufigsten eingesetzte Methode, da sie sehr einfach aufgebaut ist und neben dem Beruf auch im persönlichen Alltag eingesetzt werden kann. Bei GTD werden sämtliche Aufgaben in drei Wertigkeiten/Listen aufgeteilt:

- Dringlichkeit,
- Wichtigkeit,
- Aufwand.

Für alle drei Wertigkeiten/Listen kommen fünf Maßnahmen zur Anwendung:

- **Sammeln** = Die Aufgaben und die ersten Gedanken dazu werden schriftlich festgehalten.
- **Verarbeiten** = Jeder Wertigkeit/Liste werden bereits feststehende Arbeitsschritte zugeordnet.
- **Organisieren** = Termine und Aufgaben werden geplant und delegiert. Notwendige Materialien werden bestellt.
- **Durchsehen** = Alle organisierten Aufgaben werden in regelmäßigen Zeitabständen kontrolliert. Verzögerungen werden nachgeplant und terminlich korrigiert.
- **Erledigen** = Nach Erledigung werden die Listen aktualisiert.

Wer das für zu viel schriftlichen Aufwand hält, kann aber auch mit fünf sehr einfachen Tipps erste Ergebnisse erzielen:

Tipp 1: Für jeden Auftrag Prioritäten setzen.

Tipp 2: Größere Aufgaben splitten und in mehrere kleinere Abschnitte aufteilen.

Tipp 3: Störfaktoren vorab aufspüren und Gegenmaßnahmen einleiten.

Tipp 4: „Zeitfresser" erkennen und vermeiden.

Tipp 5: Regelmäßige Ruhezeiten (Pausen) einarbeiten und auch einhalten.

Kanban

Diese Methode wurde ursprünglich Ende der 40er Jahre des letzten Jahrhunderts für die japanische Automobilindustrie entwickelt. Sie sollte für einen schnelleren Ablauf in der Produktion sorgen. Produktion hat immer etwas mit Zeit zu tun und insofern ist die Verbindung zum Zeitmanagement fast zwangsläufig. Für die Umsetzung von Kanban reicht ein simples DIN-A4-Blatt oder eine Pinnwand. Sowohl Blatt als auch Pinnwand werden in drei Spalten gegliedert, die folgendermaßen benannt werden:

- Auftrag muss erledigt werden,
- Auftrag ist in Arbeit,
- Auftrag ist erledigt.

Danach wird jeder Auftrag diesen Spalten zugeordnet. Insbesondere bei vielen abzuarbeitenden Aufgaben ergibt diese Technik einen aktuellen, ganzheitlichen Überblick.

FÜHRUNGSKOMPETENZ

Die Bezeichnung Führungskompetenz beschreibt genau betrachtet ein Gesamtpaket, das sich aus fünf eigenständigen Kompetenzen (*Näheres dazu folgt*) bildet, die differenziert betrachtet werden müssen. Kompetenz ist eine Mischung aus **Wissen, Können** und **Dürfen**, die jeweils stark abhängig sind von der **hierarchischen Stellung** und der **daraus resultierenden Aufgabenstellung.**

Beispiel: Innerhalb eines Großunternehmens gibt es eine Vielzahl von Führungskräften, alle angesiedelt auf unterschiedlichen Ebenen und mit unterschiedlichen Aufgaben und Entscheidungsmöglichkeiten betraut. Die oberste Ebene nimmt der Unternehmensleiter ein, die unterste Ebene der oder die Teamleiter. Obwohl beide alle die fünf Kompetenzbereiche beherrschen sollten, dürfte die Kompetenz des Unternehmensleiters anders gelagert sein als die eines Teamleiters. Bei den **fünf Kompetenzen** handelt es sich um:

Führungskompetenz

Betrachtet man diese Eigenschaft einer Führungskraft rein wissenschaftlich, erhält man Erklärungen, die alles andere als Kompetenz beschreiben. Bei Wikipedia findet man z. B. folgende Erklärung:

Zitat: *„Führungskompetenz ist die Fähigkeit, Ziele festzulegen und das Verhalten anderer Menschen so zu beeinflussen, dass diese Ziele in Resultate umgesetzt werden."*

In diesem Zitat finden sich auch mehrere Aussagen, die grundsätzliche Kernaufgaben einer Führungskraft beschreiben. Dazu gehören u. a.:

- „Ziele setzen",
- „andere Menschen beeinflussen",
- „Resultate umsetzen".

Schlussendlich zeigt sich die Führungskompetenz in der Art und Weise der Umsetzung dieser Kernaufgaben. Spätestens hier greift eine alte Weisheit: „Druck erzeugt Gegendruck, Überzeugung sorgt für Begeisterung." Unter Führungskompetenz versteht man u. a. folgende überzeugende Fähigkeiten:

- Mitarbeiter nicht nur führen, sondern ihre berufliche Entwicklung fördern;
- auftretende Probleme gemeinsam konsequent abarbeiten;
- Entscheidungen treffen und die Mitarbeiter dafür begeistern;
- Vertrauen schaffen;
- Fehler ruhig und sachlich aufarbeiten.

Sozialkompetenz

Unter der **sozialen Kompetenz** einer Führungskraft versteht man das Geschick, eigene Ziele mit dem Verhalten der Mitarbeiter in Einklang zu bringen, um entsprechende Erfolge zu erzielen.

Wesentlicher Bestandteil der sozialen Kompetenz ist **das Geschick,**

- zuverlässige und belastbare Beziehungen zu den Mitarbeitern aufzubauen;
- diese Beziehungen nicht nur intensiv zu pflegen, sondern stets auszubauen;
- das Verhältnis zwischen positiven und negativen Ereignissen im Gleichklang zu halten.

Die Sozialkompetenz einer Führungskraft beinhaltet selbstverständlich auch andere Eigenschaften, die bereits teilweise in den vorherigen Kapiteln erläutert wurden, z. B.:

- Kritikfähigkeit,
- Loyalität,
- Kommunikationsfähigkeit,
- Lob und Anerkennung,
- Kompromissfähigkeit,
- Konfliktfähigkeit.

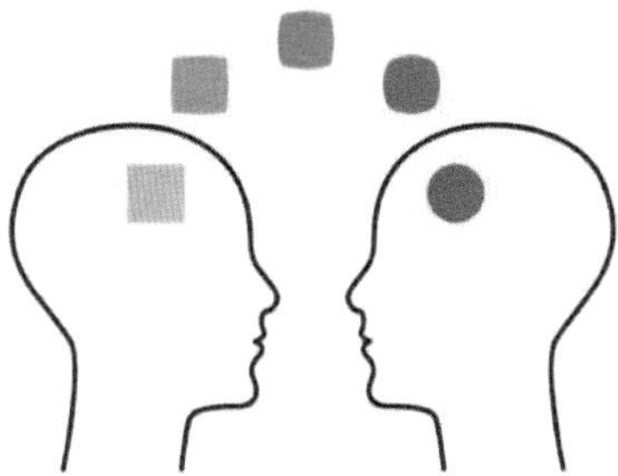

Selbstkompetenz

Bei der **Selbstkompetenz** spricht man auch gerne von der „nie fertigen Kompetenz“. Das ist dadurch zu erklären, dass Führungskräfte **ständig an sich arbeiten müssen**, damit sie sich den **persönlichen und beruflichen Veränderungen anpassen können**. Diese Anpassungen erfordern einen äußerst starken Willen, da sich eine Führungskraft stets mit ihren eigenen Bedürfnissen auseinandersetzen muss.

Zu diesen Anpassungen zählen u. a. die **Überprüfung seiner persönlichen Stärken**, aber auch **Schwächen**, die **Abwägung seiner Interessen**, aber auch **tiefsten Abneigungen** und, besonders wichtig, die **dauerhafte Aufrechterhaltung der eigenen Motivation**. Ein Mensch, der sich nicht nur mit diesen Komponenten auseinandersetzt, sondern diese auch verändern bzw. anpassen kann, ist prädestiniert für eine erfolgreiche Führungskraft und zeichnet sich durch wichtige Eigenschaften aus. Dazu gehört u. a.:

- selbstkritisch zu sein;
- sein Denken und Handeln stets zu hinterfragen, ggf. zu verändern;
- eigene Grenzen zu erkennen;
- eigene Fehler einzugestehen;
- anderen Menschen Vertrauen entgegenzubringen;
- sich schwierigen Situationen zu stellen;
- optimistisch, aber auch realistisch zu denken;
- tolerant mit anderen Menschen umzugehen.

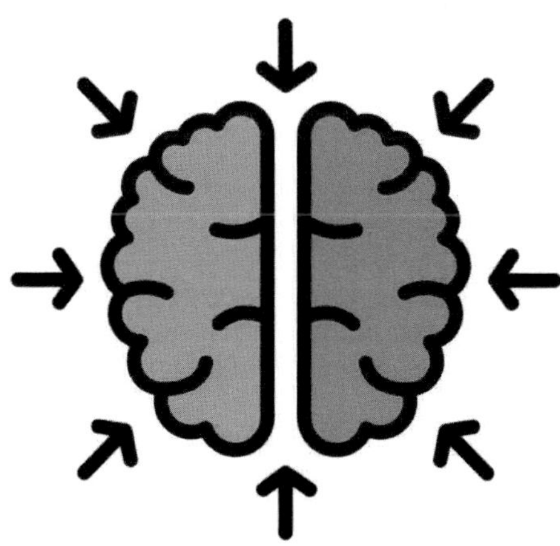

Methodenkompetenz

Unter der **Methodenkompetenz** versteht man zwei wichtige Fähigkeiten einer Führungskraft. Zum einen das Geschick, sich **neues Wissen** schnell **anzueignen** und dieses durch Anwendung von Arbeitstechniken bzw. Verfahrensweisen schnell **einzusetzen,** zum anderen die **Fähigkeit, das neue Wissen strukturiert einzusetzen**, umfassend auszuwerten und verständlich darzustellen. Dies ist vor allem in Bereichen und Branchen wichtig, die sich schnell verändern und entwickeln.

Beide Fähigkeiten sind für eine Führungskraft ohne Frage von Vorteil, allerdings in der Umsetzung **stark von der individuellen Situation** abhängig, u. a.:

- der betrieblichen Position der Führungskraft,
- den Zielen des Unternehmens,
- den zukünftigen Planungen des Unternehmens,
- den Mitarbeitern.

Nachfolgend eine Aufstellung der **gängigsten Unternehmensfelder**, die **ständigen Veränderungen** ausgesetzt sind und bei denen die Methodenkompetenz zum Einsatz kommen kann:

- Unternehmensorganisation,
- Projektsteuerung,
- Risikomanagement,
- Innovationen,
- Zielverfolgung,
- Mitarbeitercoaching.

Strategiekompetenz

Die Strategiekompetenz wird immer wieder in ihrer Wirkung unterschätzt. Doch der Begleiter von Erfolg, gleich, ob privater, beruflicher oder unternehmerischer Natur, ist immer die umgesetzte Strategie. Um allerdings eine Strategie einsetzen zu können, muss diese zuerst einmal entwickelt, ggf. auch nur angepasst werden. Die strategische Kompetenz einer Führungskraft beschränkt sich allerdings nicht nur auf die Definition der Strategie, sondern erfordert weitere Eigenschaften, u. a.:

- unternehmerische Weitsicht,
- Reaktion auf Rückschläge,
- Risikobereitschaft,
- langfristige Zielsetzung, ggf. Ableitung kurzfristiger Ziele,
- konsequente Umsetzung,
- umfassende Kommunikation mit anderen Bereichen,
- visionäres Denken.

Selbstreflexion

Der Begriff **Selbstreflexion** beschreibt die Eigenschaft, die **eigene Handlungsweise, das Denken** und **persönliche Fühlen** zu **beobachten**, gleichzeitig aber auch zu **verstehen** und zu **analysieren.**

Selbstreflexion kann man schnell und einfach erlernen. Lediglich der Wille, sein Handeln und Tun stets zu hinterfragen, gleich, an welchem Ort oder in welcher Situation, ist die Voraussetzung.

Wie hinterfragt man aber sinnvoll? Dazu ein kleiner Tipp: Alle Fragen, die man stellt, sollten immer mit den Worten **„Wie – Wer – Was – Warum"** beginnen. Das führt in der Regel zu eindeutigen Antworten, da ein kurzes „Ja" oder „Nein" nicht möglich ist. Sie müssen sich reflektieren!

Beispiel: Sie treffen Ihren Freund Klaus abends im Fitnesscenter. Er erzählt voller Stolz, dass er heute zum Abteilungsleiter befördert wurde. Sie waren gerade auf dem Laufband und haben nur so „am Rande" zugehört. Abends zuhause stellen Sie sich folgende Fragen:

- **Wie** habe ich eigentlich auf Klaus reagiert?
- **Warum** habe ich so auf die Beförderung von Klaus reagiert?
- **Wie** wollte ich eigentlich auf die Beförderung von Klaus reagieren?

Anhand der Antworten können Sie Ihr **Handeln analysieren** und möglicherweise **daraus lernen.**

- Habe ich die Freude von Klaus nicht respektiert?
- Hätte ich vielleicht in dieser Situation das Laufband verlassen sollen?
- War meine Reaktion vielleicht verletzend?

Aber auch allgemein können Sie sich **stets hinterfragen**, ganz **ohne besonderen Anlass**. Stellen Sie sich dazu immer folgende Fragen:

- **Wer** bin ich wirklich?
- **Was** ist mein Antrieb?
- **Was** ist mir sehr wichtig?
- **Warum** verhalte ich mich anders, als ich eigentlich möchte?

Warum ist Selbstreflexion aber wichtig? Die Erklärung liefern Erfahrungen aus der Psychologie. Es wurde nachgewiesen, dass Selbstreflexion nicht nur die persönliche Entwicklung fördert, sondern auch der Schlüssel zum Glück und Wegweiser zum Erfolg ist.

Bonus: Das BWL-Begriffslexikon

A

Abgrenzungsrechnung = Abgrenzung von Aufwand und Ertrag aus der Finanzbuchhaltung zu Kosten und Leistungen aus der Kosten- und Leistungsrechnung.

Absatz = Menge der verkauften Produkte bzw. Dienstleistungen innerhalb eines festgelegten Zeitraums (in der Regel nach 3, 6 bzw. 12 Monaten).

Abschreibung = Durch die Finanzbuchhaltung wird der jährliche Wertverlust eines Objektes (Maschinen, Großwerkzeuge, Mobiliar usw.) als Wertverlust des Unternehmens verbucht.

Annuitätendarlehen = Ein Darlehen, das durch eine feste, regelmäßig zu zahlende Rate bedient wird. Dabei setzt sich dieses Darlehen aus einer Tilgungs- und einer Zinsrate zusammen. Während sich die Höhe der monatlichen Zinszahlung mit jeder Rate verringert, steigt in der Höhe der Zinszahlung die monatliche Tilgungsrate.

Anschaffungskosten = Summe des Einkaufpreises eines Anlagevermögens (Maschinen, Großwerkzeuge, Mobiliar usw.) zzgl. aller Nebenkosten für die Inbetriebnahme abzgl. Rabatte und Skonti.

B

Benchmarking = Ein Analyseinstrument zum Vergleich des eigenen Unternehmens mit einem Mitbewerber oder führenden Unternehmen in der Gesamtheit. Verglichen werden relevante Merkmale im Wettbewerb. Als Ziel soll ermittelt werden, welche erfolgreichen Methoden und Verfahren für das eigene Unternehmen genutzt werden können.

Betriebsergebnis = Der wirtschaftliche Erfolg (positiv oder negativ), den das Unternehmen in einem Geschäftsjahr erzielt hat.

Bilanz = Ein Teil des betrieblichen Jahresabschlusses.

Bruttolohn = Arbeitsentgelt für geleistete Arbeit inkl. sämtlicher Nebenkosten (Lohn- und Kirchensteuer, Sozialversicherung usw.). Das Gegenstück dazu ist der Nettolohn!

Businessplan = Dieser Plan wird immer dann benötigt, wenn ein Darlehen für eine Investition oder Neugründung eines Unternehmens benötigt wird, um potenzielle Kapitalgeber von dem Erfolg dieser Investition zu überzeugen.

C

Change-Management = Eine Methode, die sich auf aktuelle Techniken, Prozesse bzw. Methoden im Unternehmen konzentriert, um diese optimal zu planen, fehlerfrei umzusetzen und im Nachgang zu kontrollieren.

Controlling = Steuerung und Kontrolle von Prozessen im Unternehmen.

D

Dividende = Ein Betrag, der von einer Aktiengesellschaft an die Aktionäre (pro Aktie) als Gewinn ausgezahlt wird.

E

EBIT = Betriebswirtschaftliche Gewinngröße, errechnet aus Gewinn vor Zinsen und Steuern.

Eigenkapital = Vorhandenes Kapital des Unternehmens; Gegenteil von Fremdkapital.

F

Franchise = Ein Vertrag, der die Zusammenarbeit von zwei Firmen (Franchise-Geber und Franchise-Nehmer) regelt. Diese Zusammenarbeit basiert darauf, dass der Franchise-Geber als Dienstleister, der Franchise-Nehmer wiederum als selbständiger Unternehmer auftritt. Das wohl bekannteste Franchise-Modell sind die aktuellen Fast-Food-Ketten.

Fremdkapital = Kapital, das von Unternehmensfremden zur Verfügung gestellt wird; Gegenteil von Eigenkapital.

Führungsstil = Die Art und Weise, Anweisungen zu erteilen bzw. Entscheidungen zu treffen.

Führungstechnik = Die Form der Ausgestaltung eines Führungsstils, z. B. inwieweit Mitarbeiter an Entscheidungen innerhalb eines Prozesses beteiligt werden.

G

Gemeinkosten = Anfallende Kosten, die keinem direkten Bezug (z. B. für Aufträge/Leistungserbringungen) zugeordnet werden können.

Gesättigter Markt = Angebot übersteigt die Nachfrage im Kundenmarkt; Gegenteil eines ungesättigten Marktes.

H

Holding = Eine Struktur, bei der ein übergeordnetes Unternehmen die Geschäftspolitik eines untergeordneten Unternehmens festlegt.

I

Inkasso = Eine finanzielle Forderung, mit der ein Kunde (Schuldner) beim Lieferanten (Gläubiger) in Rückstand steht.

Investition = Der Einsatz von Finanzmitteln für eine zukunftsorientierte Anschaffung eines Objektes, z. B. Maschinen, Werkzeuge usw.

J

Joint Venture = Zusammenschluss zweier oder mehrerer Unternehmen in ein neues Gemeinschaftsunternehmen.

K

Konsortium = Zusammenarbeit mehrerer Unternehmen für ein gemeinsames Projekt, wobei jedes Unternehmen sowohl wirtschaftlich als auch rechtlich autark bleibt.

L

Liquidität = Eine Fähigkeit, mit vorhandenem Vermögen eine Zahlungsverpflichtung fristgerecht zu erfüllen.

M

Marketing = Eine Planungsmethode, die sämtliche Maßnahmen für eine wettbewerbsorientierte Platzierung eines Produktes am Markt beinhaltet.

Markt = Die fiktive Bezeichnung für einen Ort, bei dem Angebot und Nachfrage aufeinandertreffen.

Marktforschung = Eine Methode, die Wünsche und Bedürfnisse der Kunden für das Unternehmen analysiert.

N

Nettolohn = Arbeitsentgelt für geleistete Arbeit, abzgl. sämtlicher Nebenkosten (Lohn- und Kirchensteuer, Sozialversicherung usw.). Das Gegenstück dazu ist der Bruttolohn!

O

Outsourcing = Leistungen, die an ein anderes Unternehmen vergeben werden und bisher in Eigenregie erbracht wurden.

P

Produktivität = Eine Bestimmungsgröße, bei der die Herstellungsmenge durch die Verkaufsmenge dividiert wird. Das Ergebnis ist die Produktivitätskennzahl.

Produktivitätskennzahl = siehe Produktivität
Produktlebenszyklus = Veränderungen eines Produktes werden von der Entwicklung bis zum Auslaufen am Markt analysiert.

R

Rabatt = Gewährter Preisnachlass auf einen Listenpreis.

Reingewinn = Finanzieller Überschuss gegenüber den Aufwänden.

S

SMART = Eine Methode zum korrekten Erreichen von festgelegten Zielen.

Stakeholder = Personen bzw. Organisationen, die von den Aktivitäten des Unternehmens direkt betroffen sind, z. B. Kunden, Mitarbeiter, Lieferanten oder, ganz allgemein, die ganze Gesellschaft.

Supply-Chain-Management = Eine Methode, die dem Unternehmen hilft, seine komplette Lieferkette zu planen und zu optimieren.

SWOT-Analyse = Ein Planungsinstrument zur Identifikation von Stärken, Schwächen, Chancen und Risiken, um strategische Entscheidungen zielgerichteter zu treffen.

T

Total Quality Management = Eine Methode für einen ganzheitlichen Qualitätsgedanken im Unternehmen.

U

Umsatz = Ergebnis aus: verkauftes Produkt bzw. verkaufte Dienstleistung multipliziert mit dem Einzelpreis.

Ungesättigter Markt = Nachfrage ist größer als das Angebot im Kundenmarkt; Gegenteil des gesättigten Marktes.

W

Wirtschaftlichkeit = Verhältnis von Ertrag zu Aufwand bzw. von Leistung zu Kosten.

Auf geht's in die Praxis!

Sie sind nun am Ende der Einführung in die Betriebswirtschaftslehre angekommen und konnten sicherlich einiges dazulernen. Seien es neue Marketing-Strategien oder hilfreiche Organisationsmethoden – die Welt der Wirtschaft ist groß und umfasst eine Vielzahl spannender Themenfelder.

Wir hoffen, dass Sie Ihren Wissenshorizont mithilfe der bereitgestellten Übersicht adäquat und effizient erweitern konnten. Vielleicht haben Sie ja einen Schwerpunkt gefunden, der Sie besonders interessiert? Nutzen Sie diese Anregung doch für weitere vertiefende Recherchen oder setzen Sie die Methoden in die Tat um.

Lernen Sie aus Ihren dazugewonnenen Erfahrungen und erweitern Sie dabei stets Ihr Wissensarsenal!

Quellenverzeichnis und weiterführende Literatur

- Schlüchtermann, J., & Hütten, H.. Grundzüge der Betriebswirtschaftslehre.
- Amely, T., & Andritzky, S. P.. BWL für Dummies.
- Hauschildt, J., & Diaz-Malbrán, C. Kompakt-Lexikon Management: 2.000 Begriffe nachschlagen, verstehen, anwenden.
- Zanger, C. Gabler Kompakt-Lexikon Unternehmensgründung: 2.000 Begriffe nachschlagen, verstehen, anwenden.
- Hagen, G. Betriebswirtschaftslehre kompakt und verstehbar: Eine praxisorientierte Einführung in die BWL.
- Wöhe, G., & Döring, U. Handbuch Unternehmensführung: Strategien, Business-Modelle, Praxisbeispiele.
- Wöhe, G. BWL für Ingenieure und Ingenieurinnen: Was man als Ingenieur über Betriebswirtschaft wissen sollte.